EUROPE

The European Economic and Monetary Union

between Crisis and Reform

欧洲经货联盟的
危机与改革

熊　厚／著

社会科学文献出版社

SOCIAL SCIENCES ACADEMIC PRESS (CHINA)

序

2010 年初希腊爆发债务危机后，欧债危机愈演愈烈。危机从希腊一个国家先后蔓延到爱尔兰、葡萄牙，危机还从主权债务危机蔓延到银行业，塞浦路斯、西班牙也被迫接受救助。欧债危机已经演变成欧元区系统性的危机。2013 年欧央行宣布准备实施"直接购买计划（OMT）"，不遗余力保卫欧元，危机恶化的趋势得到遏制，金融投机浪潮戛然而止。欧洲领导人随后宣布，欧洲"最糟糕的时刻"已经过去，欧债危机暂告一个段落。

欧债危机是一场集主权债务、金融体系和经济增长等多位一体的综合性危机。从制度设计的角度来看，欧洲经济货币联盟（EMU）的制度性缺陷也是危机爆发的根本原因之一，这种制度性缺陷在危机的演变过程中暴露无遗。因此，欧洲经济货币联盟的经济治理改革不仅是欧洲人应对危机的举措，同时也是不断完善制度架构的必要步骤。

熊厚博士的《欧洲经货联盟的危机与改革》是王鹤研究员和陈新研究员主持的中国社会科学院重大课题《欧盟东扩后的经济增长》的最终成果之一，同时也是中国社会科学院欧洲研究所创新工程课题《欧洲转型》的子课题《全球经济版图重构下的欧洲》中"经济治理"模块的成果之一。该书介绍了欧洲经货联盟的发展沿革、制度架构，详细分析了欧洲经货联盟的非对称制度设计——"货币统一与经济分散"这一制度性缺陷以及在欧债危机过程中所进行的经济治理改革，为我们理解欧债危机的演变以及欧洲经济一体化的走向以及欧洲经济增长前景提供了很好的视角。

陈　新

中国社会科学院欧洲研究所经济研究室主任、研究员

序　言

　　"欧元对于欧洲的意义远超过一种货币，而是欧洲团结的象征。欧元失败就是欧洲失败"，德国总理默克尔曾经这样宣称。的确如此，欧元是欧洲各国积极开展政治合作和经济协调的重要产物，是欧洲一体化迄今以来最耀眼和最核心的成果，是鼓舞欧洲人继续探索和平相处与共同进步道路的现实载体。

　　相比美元等其他货币，欧元显得与众不同。欧元及欧洲经货联盟的特殊性在于其非对称的制度设计，即货币政策归于一体，但财政政策等其他经济政策仍由各成员国主宰。早在欧洲一体化初期，建设经济政府和打造货币联盟孰先孰后就是欧洲人争论不休的重要问题。之后，这个问题解决得也不是太好。世纪之交欧元的问世最终终结了这一争论，货币联盟建设先走一步，经济政府的形成继续努力。以一般经济学家的视角看，这一决断违背常理，因为只有做好了包含财政政策在内的各项经济政策协调，逐步缩小发展差距，待最优货币区形成后才能够统一货币。这说明欧元和欧洲经货联盟绝不是单单基于经济考量的产物，其背后的政治推动作用相当明显，因此，认识欧元要有一个全面的视角。

　　从实践来看，欧洲经货联盟这一特殊设计是欧元持续发展的最大的内在不稳定因素。如果欧元区经济政策协调步伐不能及时跟上，必然会给欧元顺利运行带来麻烦。在经济增长的好时候，这一问题就像病毒一样处于潜伏状态，一旦遭受危机冲击，就会爆发扩散。欧元引入后，各成员国的一体化努力出现松懈，落下了原本应完成的功课，最终引来了令世人侧目的欧洲主权债务危机，使人们为欧元的未来捏了一把汗。在危机面前，欧洲人反省自救，提出了"欧洲学期"、"财政契约"等进一步建设经济政府的远景措施。然而，随着危机的逐渐消散，各成员国又习惯性打起了小算盘，如何落实危机中的远景规划似乎成为大家都不想提起的一个问题。乌克兰危机、移民危机与英国脱欧更是使欧洲人手忙脚乱、精力分散，也暴露了他们之间的政治裂痕。这意味着欧元和欧洲经货联盟的未来建设绝不会是一片光明。

鉴于欧元区庞大的经济体量和欧洲在世界格局中的重要地位，欧洲出现问题绝不会是其一亩三分地的问题。城门失火，殃及池鱼。全球化的深入发展使各国利益紧密交织，欧洲的变化将给离民族复兴梦想越来越近的中国带来一系列复杂的连锁反应。另外，自文艺复兴时期以来，欧洲在某种程度上扮演着人类发展智力提供者的重要角色，其创造的一体化发展模式及经验教训有助于启发其他文明社会思考未来的发展道路。因此，对于欧洲的一系列变化，中国应该高度关注，这也是作者撰写此书的一个重要目的。本书的另一个目的是将作者自博士阶段初涉欧洲研究以来的成果做一个梳理整合。这是作者对自己从懵懵懂懂闯入欧洲研究，一步一步在众多良师益友帮助下将其作为自己研究兴趣的一个心路总结。

本书站在历史的角度较为详细地回顾了欧洲经货联盟的发展沿革，分析了欧洲货币一体化历史上的多次往复发展，在曲折中前进。本书系统分析了欧洲经货联盟的非对称制度设计——"货币统一与经济分散"的制度性缺陷，结合欧洲主权债务危机的发展对欧洲经济治理改革进行了重点研究。虽然本书对欧洲货币一体化有较为详细的论述，但出于该问题的复杂性和作者知识水平的限制，对欧元发展和欧洲经货联盟的未来建设并没有给出一个简单清晰的答案，只是指出其发展具有巨大的不确定性。尽管如此，作者还是依据欧洲货币一体化的历史发展经验，提出了一个较为明确的观点，即任何的变化都是一个渐进的过程，这意味着欧洲的变化很难是一种短期内的剧烈冲击。

本书得以出版需要感谢中国社会科学院欧洲所王鹤研究员和陈新研究员主持的院重大课题《欧盟东扩后的经济增长》和所创新工程课题《欧洲转型》的资助；需要感谢中国社会科学院欧洲所周弘研究员、陈新研究员等欧洲研究前辈和同行，他们关于欧洲一体化发展的众多有价值的观点激

发了我的写作灵感，拓展了我的思考维度；需要感谢四川大学经济学院李
天德教授，饮水思源，在他的引导下我走进了欧洲研究领域；需要感谢欧
洲研究同行发表、出版和翻译了各类有价值的学术成果，《货币联盟经济
学》《欧洲货币与财政政策》《治理创新——欧洲治理的历史、理论与实践》
《欧盟经济政策协调制度的变迁》等成果对我在初入欧洲研究领域时积累基
础性知识贡献良多；需要感谢社会科学文献出版社祝得彬、刘娟等编辑人
员，他们辛勤高效的工作使此书成功付梓成册。

　　最后，如果这本书能够为读者独立思考欧洲一体化的未来作出有益贡
献，我将感到非常高兴。

熊　厚

2016 年 8 月 1 日

Contents 目录

第一章
欧洲经货联盟的发展沿革

　　欧元的诞生创造了世界上仅次于美国的第二大单一货币区域，对欧洲自身的整合发展乃至全球货币体系、世界经济和国际政治均产生了深远的影响。然而，欧元的诞生和欧洲经货联盟的建设并不是一蹴而就的，有着相当长的发展历程，是欧洲各国长期的政治、经济和货币合作的产物，尤其是政治一体化努力的结果。在欧洲经济一体化发展的初始阶段，重点是放在贸易一体化方面的，主要着眼于建设关税同盟。直到20世纪60年代末，货币一体化的问题才真正列入了政治议事日程，但是由于货币市场的剧烈波动和各方面原因的阻碍，《沃纳报告》中关于货币联盟建设的建议却无法得到顺利实施。作为一个在现实条件约束下的次优选择，欧洲货币体系在20世纪70年代末开始建立，并得到了较好的发展。欧洲货币体系运行中积累的经验为欧洲国家最终迈向货币一体化积累了丰富的经验。终于，在1991年12月，欧洲共同体成员国政府首脑正式通过《马斯特里赫特条约》（得名于各成员国首脑会议召开的城市——马斯特里赫特，也称为《欧洲联盟条约》，以下简称《马约》）。《马约》规定在欧洲实施经济与货币联盟，各成员国使用统一的货币——欧元。欧洲经货联盟在1999年启动，欧元与各成员国货币同时流通，2002年后，各成员国货币退出流通，欧元正式成为单一货币。

第一节　欧洲经货联盟建设历程

纵观欧洲经货联盟的建设历程，有几个重要事件和关键结点，比如欧洲学界耳熟能详的《罗马条约》、《沃纳报告》、欧洲货币体系、《马斯特里赫特条约》等。这些事件镌刻着每一阶段欧洲经货联盟的发展印记，反映了各个阶段欧洲人关于欧洲经货联盟的思考和努力。

一　"欧洲经货联盟"概念的提出与《罗马条约》

从欧盟委员会的官方立场看，"欧洲经货联盟"这个概念的提出远远早于《马约》的签订，甚至远早于《罗马条约》的签订。[①] 欧洲单一货币的理念最早是由德国人古斯塔夫·施特雷泽曼（Gustav Stresemann）在第一次世界大战爆发后所提出。施特雷泽曼曾经短暂担任魏玛共和国总理，长期担任魏玛共和国外交部长，是德国著名外交家。他在没有诉诸武力的情况下，利用外交手段成功地拆散了反德同盟，并极大地缓解了当时非常紧张的法德关系。第一次世界大战后，战胜国（协约国）和战败国（同盟国）签订了《凡尔赛条约》，此后，欧洲出现了许多新国家。众多新国家的出现使原本位于同一帝国经济体系内的市场四分五裂，加剧了欧洲经济的分割，妨碍了欧洲经济发展。1929 年 9 月 9 日，施特雷泽曼在日内瓦国联会议上提出，"我们需要的欧洲货币在哪里"[②]，言下之意是欧洲需要一个统一的货币来应对日益严重的欧洲经济分割问题。这是欧洲政治家最早关于建设货币联盟的倡议。当然，这个倡议与后来欧洲经货联盟的建设并无直接关系，但最早表达了建设欧洲单一货币的理念。

欧洲货币一体化伴随经济一体化的发展而发展，因此，在考察早期的欧洲货币合作问题时，应与欧洲经济一体化的早期进程相结合。二战过后，欧洲国家在美国的帮助下进行战后重建，正是这一短暂的阶段为欧洲经济

---

① http：//ec. europa. eu/archives/emu_ history/part_ a. htm.

② http：//europa. eu/legislation_ summaries/economic_ and_ monetary_ affairs/introducing_ euro_ practical_ aspects/l25007_ en. htm.

一体化奠定了良好的基础。与后来的微妙立场不同，在早期欧洲经济一体化上，美国发挥了积极和重要的作用。二战后欧洲经济一体化大概始于欧洲经济合作组织（后来的经济合作与发展组织）和欧洲支付同盟的建立。美国实行马歇尔计划为欧洲各国提供资金和援助，欧洲各国获得马歇尔计划支持的条件是进行互相合作。这种要求和欧洲人自身的意愿也是一致的。经历过两次世界大战后，欧洲人对互相残杀进行了深刻反思，产生了防止战争、促进欧洲一体化的政治认同。在这种情况下，1948 年欧洲经济合作组织成立及 1950 年欧洲支付同盟组建。欧洲支付同盟以西欧各国贸易和支付的多边化为目标，这为西欧各国的双边贸易提供了便利，促进了这些国家贸易的迅速恢复和发展。之后，欧洲经济一体化进程继续发展，其中一个重要成果是《罗马条约》，其标志着欧洲经济共同体的建立。欧洲经济共同体最早的支柱是欧洲煤钢共同体，即德、法、意、荷、比、卢六个国家在 1951 年开始对重要战略物资——煤和钢实行联营。欧洲煤钢共同体的最初目的还不完全是着眼于经济，而是为了控制各国尤其是德国的工业基础，以防未来再次爆发战争，但煤钢共同体的建设和运行使欧洲各国从合作中尝到了经济利益，比如，市场的扩大使欧洲煤钢企业的规模与技术进步有了快速的发展，资金配置和劳动市场更加高效。在煤钢合作产生的经济利益的刺激下，欧洲人开始将合作的触角向其他经济领域延伸，1957年在意大利罗马签署了《建立欧洲经济共同体条约》和《建立欧洲原子能共同体条约》（统称为《罗马条约》）。《罗马条约》和欧洲经济共同体的建立标志着欧洲经济合作开始进入正轨，有专门的超国家机构进行管理和协调。

　　单一货币或者货币联盟等概念并未在《罗马条约》中出现，但提到了货币合作问题。① 《罗马条约》第六款规定，成员国应和欧共体一道紧密协调经济政策，以实现条约规定的目标，而且欧共体还须不带歧视地对成员国的内外金融稳定进行关注。另外，《罗马条约》还有多个条款要求成员国的经济与货币政策应保证国际收支平衡，维持币值稳定。比如，第 104 - 107 条款都对此有明确表述。第 105 条款要求各成员国相关部门和中央银行

---

① http://ec.europa.eu/archives/emu_ history/history/part_ a_ l_ a.htm.

要加强政策协调，以实现国际收支平衡，维持市场对成员国货币币值稳定的信心。第 105 条款还提出要建设货币委员会对货币领域的合作进行监督实施。货币委员会的职责是：监测和评估成员国、共同体和支付同盟的货币金融状况；及时向欧共体委员会和欧共体理事会报告成员国、共同体和支付同盟的货币金融状况；在欧共体委员会、欧共体理事会的要求下或者独立就货币金融状况提出建议。货币委员会的代表分别由各成员国和欧洲委员会派出 2 名代表组成。[①] 另外，从欧共体委员会来看，其内部也设立了货币和金融问题总司，负责货币协调事务。

在《罗马条约》签订之后，为具体落实条款规定，货币委员会采取了一系列措施，比如，1962 年，货币委员会发布了《欧洲经济共同体成员国货币政策工具》的研究报告，对各成员国货币政策的理念、使用和有效性进行了研究，对再融资政策、公开市场操作和外汇储备管理等方面进行了比较研究。[②] 在《罗马条约》之后，各种加强货币合作的提议纷纷出现，但都未得到官方层面的认真研究和讨论。

总体而言，《罗马条约》中关于货币领域合作的要求主要是为建设关税同盟服务，为区内自由贸易提高便利，并没有对建设货币联盟规定明确的目标和时间表。即使如此，《罗马条约》也为后来欧洲货币联盟的诞生奠定了一定的基础。

二 海牙欧共体首脑峰会、《沃纳报告》与蛇形浮动汇率机制

1969 年，欧洲经货联盟建设开始出现在欧共体委员会的讨论议题中。1969 年，《贝耶报告》（Barre Report）提出，需要更广泛的经济政策协调和货币合作。同年，欧共体在荷兰海牙举行成员国政府首脑峰会，讨论欧洲经货联盟建设问题，并责成委员会在 1970 年提供一份欧洲经货联盟建设的报告。

欧洲经货联盟建设之所以能够成为欧共体广泛讨论的一个重要议题与60 年代欧洲经济形势发展息息相关。一方面是欧共体成员国维持汇率体系

---

① http://ec.europa.eu/archives/emu_history/documents/treaties/rometreaty2.pdf.

② http://ec.europa.eu/archives/emu_history/documentation/chapter1/19620701en263instmonetpolico_a.pdf.

稳定的难度增加。60 年代，特里芬难题日益显现，即由于美元与黄金挂钩，而其他国家的货币与美元挂钩，美元虽然取得了国际核心货币的地位，但是各国为了发展国际贸易，必须用美元作为结算与储备货币，这样就会导致流出美国的货币在海外不断沉淀，对美国来说就会发生长期贸易逆差；而美元作为国际货币核心的前提是必须保持美元币值稳定与坚挺，这又要求美国必须是一个长期贸易顺差国。这两个要求互相矛盾，因此是一个悖论。美国在 60 年代后半期采取的货币扩张政策引发了通货膨胀和贸易赤字，产生了其他国家对美元的信心危机，美元贬值更使布雷顿森林体系受到冲击。欧共体成员国不得不拿出更多的精力去维护汇率体系的稳定。

另一方面是欧共体内部成员国间维持汇率平衡的成本也开始增加。随着关税同盟的建立与完善，欧共体内部贸易发展十分迅速，欧共体内部出口贸易占整体出口贸易的比重大幅上升。这使得欧共体成员国经济相互的依赖程度大大提高，单个成员国经济政策的溢出效应明显增加。欧共体内部贸易不平衡也开始出现，德国马克迅速升值，而法国法郎出现较大幅度贬值。欧共体内部贸易赤字国面临越来越严重的支付难题，其外汇储备在保持本币汇率稳定的过程中很快花光，引发货币危机。这不仅引发了一系列国际收支难题和汇率动荡，还较大地冲击了欧洲共同农业政策的物价体系。

欧洲经济共同体的贸易模式开始受到影响。这种情况要求欧共体成员国必须在货币领域加强合作，完善金融救助机制。也正是在这种背景下，欧共体委员会连续发布了着眼于解决经济合作困境的三份备忘录，其中，较有影响的是第三份备忘录《贝耶报告》，报告明确提出除了更广泛的经济政策协调外还需要加强货币合作。[①] 此后，关于货币合作议题的讨论更加深入，欧共体首脑海牙峰会更是提出就建设欧洲经货联盟进行规划。

1970 年，卢森堡首相沃纳根据欧共体委员会的要求，领导一个专家团队就建设欧洲经货联盟进行研究，提交了一份得到各方基本认可的规划蓝本，这就是历史上有名的《沃纳报告》。《沃纳报告》提出从 1971 年初到 1973 年底作为建设经货联盟的起始阶段，以稳定汇率为目标，建立规则，

---

① http://ec.europa.eu/archives/emu_history/documentation/chapter2/19690212en015coordineconpoli.pdf.

逐步缩小各成员国货币汇率波动幅度，准备建立货币储备基金，并加强有关货币政策和经济政策的协调。在起始阶段结束后，视具体情况进一步推进经货联盟的建设，预计在十年内完成经货联盟的建设。

《沃纳报告》明确提出要通过分步推进的方式建成一个经货联盟，内容非常详细，从指导原则、时间规划、政策工具运用和评估等方面进行了具体描述。它强调了对未来经货联盟建设极具启发意义的几个要点：

（1）成员国的政治决心对建设经货联盟具有决定意义，并且确保欧共体的稳定对建设经货联盟也非常重要。

（2）共同体内部的经济政策应该统一决策，决策主体应该是一个不受成员国影响的超国家经济决策机构。这需要非常深入的政治合作，并且意味着，从长远来看，如果没有政治联盟的建设，经货联盟建设就不会成功。

（3）经货联盟的具体运行应由两个超国家机构负责。一个是负责共同体层面的经济政策的机构，另一个是负责共同体层面货币政策的中央银行体系。这两大系统机构均应向欧洲议会负责。

（4）经济政策和货币政策的互相协调、互相配合是非常必要的。这两大政策在共同体层面的整合需要同时进行，两大政策的互相配合有助于加强和巩固经货联盟的建设。对这一点，欧共体成员国存在不同看法。以德国为代表的成员国坚持应以经济政策的协调为优先，然后才是货币政策协调；以法国为代表的成员国坚持应以货币合作为优先。最后，《沃纳报告》对两方面的主张进行了弥合，要求两者同时进行。实际上，欧元产生遵循了货币合作优先的路径，但导致了严重的问题，欧债危机对欧洲经货联盟产生了严重的冲击。

（5）在向经货联盟过渡的过程中，需要出台经济政策指导大纲来协调各成员国的货币和信贷的短期经济政策、财政和预算政策、结构调整政策、金融市场一体化、汇率政策。

（6）建设一个欧共体层面的货币合作基金对加强成员国货币合作非常重要，是作为建设最后中央银行的重要准备。[1]

---

[1] http：//ec. europa. eu/archives/emu_ history/documentation/chapter5/19701008en72realisationbystage. pdf.

虽然《沃纳报告》由于各种原因并没有得到完全实施，比如政治联盟的建设意味着主权的转移，即使现在这也无法完全实现，但上面的几点对后来欧洲经货联盟的真正建设有着十分重要的意义。沿着《沃纳报告》的规划方向，欧洲人加强了对汇率浮动的控制，迈出了实践的第一步，即引入蛇形浮动汇率机制（Snake in the tunnel）。

当时的背景是，由于大量贸易赤字和宽松货币政策的实施，美国无法维持美元币值稳定，宣布终止美元与黄金挂钩的汇兑关系，布雷顿森林体系的崩溃引发欧洲货币体系的混乱，从而对欧共体共同农业政策的定价体系产生严重的冲击。为了控制成员国的货币汇率波动，欧共体理事会于1972年启动了共同体内部的汇率协调机制，实行可调整的中心汇率制——蛇形浮动汇率机制。该机制提出了对后来的欧洲货币体系影响深远的中心汇率规定：各成员国货币对美元汇率的浮动幅度不超过中心汇率±2.25%，由于这个幅度对稳定共同农业政策价格体系来讲仍然过大，欧共体各成员国对货币汇率之间的波动幅度又进行了限制，即成员国货币间的汇率波动幅度不超过中心汇率±1.125%。当然，中心汇率并不是固定不变的，可根据各成员国之间的经济发展状况、对外贸易及国际收支状况情况加以调整。欧洲人在1973年又成立了欧洲货币合作基金（European Monetary Cooperation Fund），旨在维持汇率蛇形浮动范围，在外汇市场对成员国货币进行干预，为成员国中央银行的外汇储备提供结算。同时，还设立了欧洲货币计价单位（European unit of account），但是这种计价单位主要用于欧共体官方机构之间的结算，并没有在市场层面应用。

蛇形浮动汇率机制是迈向欧洲经货联盟的具体尝试，但这个尝试很快就失败了。由于美元的持续贬值和石油危机的冲击，欧洲经济持续低迷，国际货币危机此起彼伏。如果危机冲击短暂而且较小，欧共体成员国还有空间协调各自的经济、汇率政策，在欧洲货币合作基金的帮助下渡过难关。现实与此相反，货币危机使得欧洲货币汇率调整应接不暇。在危机面前，欧共体各成员国出于自身经济利益的考虑，根本无法顾及汇率波动范围与他国政策的协调。虽然有些国家在加入，但有些国家不得不离开，法国的离开正式标志着蛇形浮动汇率机制的失败。最后，只剩下德国、荷兰、比利时、卢森堡和丹麦继续执行蛇形浮动汇率机制，形成了所谓的"马克区"。1979年，欧洲货币体系取代了蛇形浮动汇率机制。

在六七十年代欧洲经货联盟建设的实践过程中，相关货币联盟理论得到了发展，其中最有名的是以蒙代尔为代表的最优货币区理论。蒙代尔也因提出最优货币区理论被称为"欧元之父"。蒙代尔非常重视非对称冲击，他认为，如果非对称冲击产生的影响不能控制，那就最好保持汇率浮动。基于此，他提出了判断最优货币区的重要标准，也就是劳动力自由流动的标准。之后，麦金农、凯南、英格拉姆分别提出了经济开放度、产品多样性和金融一体化程度等最优货币区的判断标准。

从以上的分析看出，70年代蛇形浮动汇率机制运行并不成功，《沃纳报告》被彻底抛弃，但不可否认的是，蛇形浮动汇率机制为后来货币一体化的进一步发展积累了丰富的实践经验。

三　欧洲货币体系

虽然蛇形浮动汇率机制失败了，但后来在德国和法国的共同努力下，欧共体又开始了汇率浮动机制的新尝试，即欧洲货币体系（The European Monetary System，EMS）。启动欧洲货币体系的原因非常简单，欧共体成员国间货币汇率频繁地大幅度波动影响了欧共体内部的凝聚、区内贸易和投资以及欧共体与其他贸易伙伴的关系。比如，德国马克对美元的大幅升值引发了德国对其出口、国内就业的严重担心。

欧洲货币体系建立在固定但可调整的汇率安排的基础上。最初，除英国以外的欧共体所有成员国都加入了欧洲货币体系。欧洲货币体系坚持的主要内容有：一是汇率体系的中心汇率以埃居（European Currency Unit，ECU）为衡量单位。埃居是一种可调整的欧洲货币单位，在欧共体各国经济实力的基础上加权计算后形成的一种篮子货币。埃居起到了四个方面的作用：首先，在汇率机制中发挥了重要作用；其次，埃居突破了欧洲货币计价单位（European unit of account）的功能限制，在国际金融市场上发挥了重要的作用，许多国家的政府和企业在发放贷款时以埃居进行标价，而且公众在银行的存款也可以以埃居计值；再次，埃居在欧洲内部作为计价手段和结算手段；最后，埃居是欧元的雏形，为欧元的发行提供了

经验。[1] 二是成员国货币之间保持相对固定的汇率，允许成员国货币汇率围绕
中心汇率波动，波动的幅度是 ±2.25%（意大利里拉除外，允许意大利里拉
有 ±6% 的波动幅度）。若经双方同意，中心汇率可以调整。当一国的货币汇
率波动幅度超过规定的范围时，该成员国中央银行有责任对外汇市场进行干
预。[2] 另外，还建立了欧洲货币基金。欧洲货币基金是以欧洲货币合作基金为
基础扩大而来的，目的是支持成员国对外汇市场的干预，促进内部汇率体系
的稳定，协调各成员国中央银行间的信贷，逐步集中成员国的外汇储备。

汇率机制的发展经历了以下几个阶段。

开始阶段（1979～1983 年）。汇率机制刚开始运行的时候，并不稳定，
存在着频繁的大幅度的重新安排。虽然汇率机制最初被设计成为一个对称
的体系，但它在实际发展过程中却很像一个目标（货币）区，马克在该区
内起着关键货币的作用。在初期，进行汇率的重新安排是为了抵消成本和
价格的差异。这些安排一般说来并没有国内的稳定措施相配套。然而，Gros
和 Thygesen（1998）却发现在这个阶段有一些进展，特别是如果同实行蛇
形浮动汇率机制的经历相比较的话。汇率重新安排更显示出是一项共同的
责任，而且对防止严重的错误安排是充分有效的。

比较平静的中间阶段（1983～1987 年）。汇率机制的第二阶段始于
1983 年 3 月法国政府决定改变其政策后。法国政府这一次没有采用会导致
资本大量外流的膨胀性财政和货币政策以刺激国内需求的策略，而是选择
对德国马克保持稳定汇率的措施。虽然汇率有几次重新调整，但其调整的
频率和幅度比前一阶段要小得多。汇率的调整也比对德国的累计通货膨胀
的差异要小一些，从而引起真实汇率的变动。在第二阶段中，运行环境发
生了变化，就是用马克对在汇率波动的界限上进行的（强制性）干预转化
为（自愿的）界限以内的干预，并且适时地调高利率，这一点或多或少地
在 1987 年 9 月签署的《巴塞尔—尼堡协议》（Basel - Nyborg Agreement）中
得到了确认。这个协议标志着一个 "新汇率机制" 的启动，所有成员国都
被鼓励保证更坚定地选择 "硬通货"。在这方面，信用便利会及时发放，而

---

[1]　吴文旭：《论欧洲货币联盟及欧元》，西南财经大学，2001。

[2]　http://europa.eu/legislation_ summaries/economic_ and_ monetary_ affairs/introducing_ euro_
practical_ aspects/l25007_ en. htm.

且可以用于波动界限内的汇市干预。各国也就在汇率机制操作时,对如何运用各种工具达成一致。特别是应该更积极地利用利率差异这项工具。在该阶段上,另一个重要的制度变化是,大多数国家取消了对资本流动的限制,而人们普遍认为这些资本流动的限制措施至少可以临时防止投机的冲击。

无汇率重新安排的阶段(1987 ~ 1992 年)。从 1987 年到 1992 年期间,一连串的货币贬值风潮终于平息下来,汇率机制的中心汇率和波动区间都被认为是非常稳定可靠的。除了 1990 年 1 月意大利里拉从宽幅波动进入窄幅波动时出现贬值以外,没有出现其他汇率的重新安排。汇率机制的第三阶段也以新成员的加入为标志:1989 年 6 月西班牙、1990 年 10 月英国,以及 1992 年 4 月葡萄牙先后加入汇率机制。这些新加盟的国家的货币汇率都可以在 ±6% 的范围内波动。在此期间,各国货币的汇率看上去是固定的。然而事实证明这是幻觉。

短暂而急剧动荡的危机阶段(1992 ~ 1993 年)。汇率机制在第四阶段是十分动荡的。向货币联盟平稳过渡的希望,曾经起过稳定预期从而稳定汇率机制运行的作用,却因为丹麦对《马约》进行全民公决的结果而受到怀疑。1992 年 8 月,英镑汇率几乎跌到汇率机制规定的最低限,而意大利里拉更是狂泻至底线以下。最终,这两种货币都退出了汇率机制。除了荷兰盾,其他所有成员国的货币在这一阶段都受到了贬值的冲击。在这种情况下,波动幅度被迫调整到 ±15%(除德国马克和荷兰盾一直保持着 +2.25%),各国汇率才逐渐稳定下来。

平静恢复阶段(1993 ~ 1997 年)。汇率机制发展到第五阶段,成员国又一次增加。1995 年 1 月奥地利加入汇率机制。1996 年 11 月意大利里拉重新回到汇率机制。芬兰、希腊也先后加入。在此阶段,欧盟各国把汇率机制当作向货币联盟平稳过渡的保障,尽力防止各自货币与中心汇率出现大的偏离。汇率机制发展到这一阶段,大多数国家的货币都十分接近其中心汇率。1997 年 6 月欧洲理事会在阿姆斯特丹举行会议,用新的汇率机制Ⅱ取代欧洲货币体系的汇率机制(ERM)。[①] 1998 年 5 月,欧洲货币联盟成员国

---

① 〔荷〕塞尔维斯特尔·C. W. 艾芬格、雅各布·德·汉:《欧洲货币与财政政策》,向宇译,中国人民大学出版社,2003.

双边汇率正式确定，标志着欧洲货币体系不再发挥作用。

欧洲货币体系对减少成员国货币汇率波动作用明显，汇率机制的可调整再加上政治合作意愿促进了成员国经济趋同，取得了长期持续的货币稳定性。欧洲货币体系运行之初虽出现了一系列困难，但它并没有走向崩溃，而是不断壮大，接纳新成员，其功能日趋完善，埃居的使用范围也不断扩大。以维护欧洲地区货币汇率稳定为目标的欧洲货币体系，在其近20年的运行中，在协调成员国货币政策方面作出了巨大贡献，欧共体对货币市场的干预能力及成员国经济周期的同步性都有所增强，尤其是其运转的前10年取得了巨大的成功，共同体内部货币之间汇率波动明显减少，各成员国中央银行从该机制中掌握了有效协调货币政策和管理汇率的方法，为各成员国走向货币一体化奠定了坚实的基础。

四　重启欧洲经货联盟议题的《德洛尔报告》

随着1985年单一市场计划的实行，一个事实愈加清晰，在相对较高的货币转换成本存在以及汇率波动不确定性（尽管已经相对较小）的情况下，欧共体内部市场融合的潜力不可能被完全激发。与此同时，越来越多的经济学家也认识到蒙代尔不可能三角（Impossible triangle）的正确性。一个国家不可能同时实现资本流动自由、货币政策的独立性和汇率的稳定性。也就是说，一个国家只能拥有其中两项，而不能同时拥有三项。如果一个国家既想允许资本流动，又要求拥有独立的货币政策，那么就难以保持汇率稳定。如果要求汇率稳定和资本流动，就必须放弃独立的货币政策。这也使得大家对欧洲经货联盟的建设重拾信心。但是，第二次石油危机的爆发和将建设内部市场功能作为政治优先领域使欧共体将一体化重点放在了单一市场计划，分散了对欧洲经货联盟建设的关注。直到1988年6月的汉诺威首脑峰会，关于欧洲经货联盟的讨论才又开始了。

同时期，欧共体经济状况已经逐渐满足建立统一货币区的重要标准——即实现了资本自由流动。另外的一些经济条件也已经在1987年生效的《单一欧洲法令》中进行了明确，比如税收协调和公平竞争。建设经货联盟的一些基本条件已经具备，对经货联盟进行实在的制度设计比较成熟了。欧洲人开始讨论欧洲中央银行系统怎么组织，如何保持过渡时期的经济和货币稳定性等议题，着手解决如何避免中央银行为政府财政埋单、不对公共债务进行救助以及过渡的财政赤字程序实施等具体问题。

不可忽视的是，在 80 年代末，国际形势发生重大变化，原东欧国家纷纷脱离社会主义阵营，两德统一问题显现。欧共体成员国面临第二次世界大战以后的重大政治变局。在面临巨大不确定性的情况下，欧共体成员国的政治凝聚力在某种程度上增强了，使得欧洲一体化的动力更加充足。

1989 年 4 月，以欧共体委员会主席雅克·德洛尔（J. Delors）为首的委员会起草了关于建设欧洲经货联盟的《德洛尔报告》。各成员国对报告中提出的建议一致认可。《德洛尔报告》提出了永久性固定成员国货币汇率，在实施经货联盟前加强经济趋同、价格稳定和财政纪律的一系列实实在在的建议。

《德洛尔报告》一共分为三个部分：第一部分主要叙述了欧共体为建设经货联盟所作的努力，分析了当前面临的问题和建设展望；第二部分描述了要建成一个什么样的经货联盟；第三部分提出了分三个阶段向经货联盟前进的路径。

第一部分中指出的问题主要有：需要采取更有力的结构改革政策；成员国和欧共体层面的经济政策协调力度不够，需要加强；各个领域的一体化进程并不步调一致，通货膨胀率比较趋同，但财政状况和贸易平衡情况差别仍然较大；决策机构协调权能不够，需要进一步明确权能和使用权力的程序。

第二部分指出了经货联盟的特征和制度设计。货币联盟的主要特征有：作出完全和不可逆转的货币兑换的保证；资本交易彻底自由化和银行等其他金融市场一体化；汇率不再波动以及对汇率平价进行不可取消的锁定；实行单一货币和统一的货币政策。经济联盟的主要特征有：拥有一个劳动力、商品、资本和服务自由流动的单一大市场；旨在加强市场机制的竞争及其他政策；进行结构改革和区域发展的共同政策；可靠的宏观经济政策协调，尤其是有严格的预算政策。要使经货联盟顺利运行必须要有相应的制度框架，尤其是要建立一个超国家的货币机构。

第三部分主要是经货联盟的分阶段实施计划。第一阶段主要是与建立内部大市场的步调保持一致，加强经济与货币政策的协调，进一步推动财政一体化，大力推进结构政策与地区政策，增加执行结构政策与地区政策的基金，以减轻成员国的发展不平衡。货币一体化方面要求清除金融一体化的障碍和加强货币政策的协调合作，允许汇率平价调整但应更加有效。所有欧共体成员国的货币均纳入汇率联合干预机制，而且还要求各国采行同等的汇率可容许波动幅度。此外，还要求清除所有在私人使用欧洲货币单位方面的障碍，讨论建立欧洲储备基金，作为未来的欧洲中央银行雏形。

第二阶段要继续加强结构政策与地区政策，继续充实结构基金。进一步协调经济政策，并提倡运用多数表决原则制定共同体的政策目标。货币一体化方面的具体目标：①要求建立欧洲中央银行体系（European System of Central Banks，ESCB），它不排斥各成员国的中央银行，但最后货币政策的决策权要受欧共体层面中央银行领导；②逐步收缩汇率的可容许波动幅度，仅限于在特殊情况下调整汇率平价；③适当聚集各成员国的部分外汇储备，进行外汇市场干预；④扩大埃居在金融市场尤其是银行间的运用。

第三阶段是结构政策和区域政策的协调进一步加强，对各成员国财政政策作出一些强制性和限制性规定，使共同体负责与其他国家的经济政策协调。货币一体化方面的具体目标有：①随着汇率不再波动以及对汇率平价进行不可撤销的锁定，货币政策的决策和执行权力交给欧洲中央银行体系；②用第三国货币进行外汇市场干预的权力只能由欧洲中央银行体系理事会根据共同体汇率政策作出，干预措施的执行可授权给成员国中央银行或者欧洲中央银行体系执行；③成员国外汇储备将统一集中和管理；④为向单一货币转换做好技术或者规制手段的准备；⑤最后以欧共体单一货币取代各国货币。①

可以说，《德洛尔报告》不仅重新将欧洲经货联盟的建设议题拉回人们的视线中，还为欧洲经货联盟的建设作了最充分的制度铺垫。当然，《德洛尔报告》的共识是逐渐凝聚的，报告本身也经过了一些修改，比如，关于经济政策统一还是货币政策统一的优先顺序的争议依然存在，《德洛尔报告》最后也和之前的《沃纳报告》一样，将其安排为平行推进。总体而言，《德洛尔报告》的内容精髓得到了成员国的认可。《德洛尔报告》的出炉及

---

① http：//ec. europa. eu/archives/emu_ history/documentation/chapter13/19890412en235repecono-mmetary_ a. pdf.

被认可意味着欧共体已经进入实质性经货联盟建设的准备阶段，使人们依稀看到货币联盟建设成功的曙光。

五　导向欧洲经货联盟的《马斯特里赫特条约》

在《德洛尔报告》于 1989 年 6 月的马德里欧共体首脑峰会上被正式接受的同时，欧共体首脑决定从 1990 年 7 月 1 日启动经货联盟建设的第一阶段。欧共体也着手为新的货币联盟准备法理依据，关于欧洲联盟的政治条约的起草也在同时进行。

1989 年 12 月，欧洲理事会同意发起一个讨论欧洲经货联盟的相关法律条文的政府间会议，计划在 1990 年底之前完成此项工作。条文准备工作开始于同年 6 月的经济和财政部长理事会，欧共体货币委员会为会议提供了相关报告。报告关于单一货币政策和单一货币的建议得到了除英国以外的 11 个成员国的支持。1990 年 8 月，欧共体委员会又提供了一份文件，指出了建设一个真正的经货联盟的四个重要因素：一是货币政策必须由一个新的欧共体机构制定和执行，即欧洲中央银行；二是欧洲中央银行的主要任务是确保价格稳定以及具有不受政府压力的独立性；三是建立在严格预算纪律基础上的紧密趋同的成员国经济政策；四是埃居应该成为未来的欧洲单一货币。1990 年 12 月，关于欧洲经货联盟建设的政府间会议与关于政治联盟建设的政府间会议同时启动。最后，政府间会议普遍认可了委员会提供的一个重要观点，即如果没有一个单一货币，那么经货联盟的建设就不能说全部成功。①

两个政府间会议的成果为 1991 年 12 月马斯特里赫特峰会作出了贡献。在马斯特里赫特峰会上，签订了《马斯特里赫特条约》，里面包含两个部分：一部分是政治联盟的内容；另一部分是一系列对原欧洲经济共同体条约的修订，也就是经货联盟的内容。政治联盟的内容主要是在欧共体的基础上建立欧洲联盟，加强各成员国在外交、防务和社会等方面共同政策的协调。经货联盟的内容主要有：一是实行单一货币、单一货币政策和建立欧洲中央银行体系；二是规定了加入经货联盟的经济上的趋同标准，这些

① http://ec.europa.eu/archives/emu_history/history/part_a_2_c.htm.

标准涉及通货膨胀率、利率、汇率、政府预算赤字和债务余额等;三是谋划了分三个阶段走向欧洲经货联盟的路线图。

第一阶段(1990年7月至1993年12月)。该阶段的任务先于《马约》生效之前就完成了,该阶段的主要任务是实现资本自由流动和启动趋同过程。

第二阶段(1994年1月至1998年12月)。该阶段的主要目标是为引入欧元和欧洲中央银行的成立做准备。在这个阶段,引入了过渡赤字程序、割断各国财政部通过中央银行直接融资的行为、广泛经济政策大纲和趋同标准等方面的规则。这一时期建立了欧洲中央银行的前身欧洲货币局(European Monetary Institute,简称为EMI)负责协调货币政策。欧洲货币局的主要任务是加强成员国中央银行的合作,为引入欧元做准备。在这一阶段,成员国中央银行的独立性得到提升。①

1995年12月,欧盟首脑会议在马德里举行,会议就各国货币向单一货币过渡的具体步骤以及单一货币的名称达成一致意见,并明确了欧盟各国政府实施这一计划的坚定决心。这次会议重申必须严格遵守《马约》规定的加入货币联盟的通货膨胀率、利率、汇率、预算赤字、债务等五项经济趋同指标,确保于1999年1月1日进入经货联盟第三阶段,实行统一货币,并将未来的新货币正式命名为"欧元(EURO)"。

根据欧洲货币局的一个报告,欧洲理事会于1997年6月通过了新汇率机制(汇率机制Ⅱ),欧盟内非欧元区国家与欧元区由此相联系。1998年是决定哪些国家可以首批加入欧洲货币联盟的关键的一年。1998年3月,欧盟财长理事会公布了欧洲委员会和欧洲货币局的报告,推荐符合经货联盟趋同标准的成员国加入欧洲经济和货币联盟。3月25日,欧盟委员会宣布,奥地利、比利时、芬兰、法国、德国、爱尔兰、意大利、卢森堡、荷兰、葡萄牙和西班牙11个国家,在通货膨胀率、利率、汇率和预算赤字等方面均已达到《马约》规定的经济趋同标准,符合使用欧元的条件,有资格在1999年1月1日开始实行单一货币。在15个欧盟成员国中,希腊未达到

---

① http://europa.eu/legislation_summaries/economic_and_monetary_affairs/introducing_euro_practical_aspects/l25007_en.htm.

《马约》规定的主要指标，因此不能首批加入欧洲货币联盟。英国虽然已经达到趋同的标准，但由于政治原因，决定暂不加入欧洲货币联盟。丹麦也达到了经济趋同的标准，但是加入与否取决于全民公决的结果，后来的公投否决了这一建议。瑞典未能达到汇率趋同的标准，也没有参加欧洲经货联盟。1998年4月，欧洲议会和各成员国议会审议了这个报告。5月1~3日，在伦敦召开特别首脑会议，决定哪些国家可以首批加入欧洲货币联盟。1日，财长理事会决定推荐哪些国家入盟；2日，欧洲议会召开特别会议考虑财长理事会的推荐结果，下午，各国首脑在财长理事会推荐的基础上决定奥地利、比利时、芬兰、法国、德国、爱尔兰、意大利、卢森堡、荷兰、葡萄牙和西班牙11个国家可以成为欧洲货币联盟的成员国；3日，宣布欧洲货币联盟成员国货币的双边兑换率，推荐欧洲中央银行执行董事会成员，引入欧元使用的法律框架。5月11~15日，由欧洲议会确定欧洲中央银行执行董事会的组成。任命从1998年6月1日起生效。1999年1月1日，经货联盟第三阶段正式启动。①

第三阶段（1999年1月1日至今）。为保证第三阶段按计划实施，在《马约》规定的时间表基础上，又制定了第三阶段分三个步骤实施的计划：第一步，从1999年1月1日到2001年12月31日，成员国各自的货币继续在流通中使用（各国货币之间保持永久固定汇率），欧元并没有流通。在此阶段将锁定各成员国货币之间的汇率，新的政府债券用欧元发行，金融机构之间的交易以欧元标价，个人和企业的账户可选用本国货币和欧元计价。第二步，从2002年1月1日起，欧洲中央银行发行单一货币欧元，欧元与各国货币一起流通，欧元逐步取代欧元区各成员国货币。后来的实际情况是，在2月28日欧元区全部成员国货币退出流通。第三步，欧元成为欧洲货币联盟内唯一法定货币。②

《马约》在1992年4月得到欧洲议会的通过，5月由各成员国首脑签字认可，但生效过程较为坎坷。条约在各国的批准过程中面临一些困难，丹麦甚至举行了两次全民公投才批准了条约。直到1993年11月1日，《马约》

---

① 〔荷〕塞尔维斯特尔·C.W. 艾芬格、雅各布·德·汉:《欧洲货币与财政政策》，向宇译，中国人民大学出版社，2003。

② http://ec. europa. eu/archives/emu_ history/history/part_ a_ 2_ d. htm.

才正式生效。① 《马约》为欧洲经货联盟的建立制定了明确的路线图，以条约的形式将欧洲导向欧洲经货联盟，因此，《马约》是欧洲货币一体化的重要保障，是欧洲货币一体化道路上最重要的里程碑。

专题一 影响货币联盟成立的成本—收益理论分析

最优货币区理论是指导欧洲货币一体化的核心理论，该理论注重比较成立货币区的收益与成本，以此判断是否应组建统一货币区，只有当组建货币区的成本小于组建货币区的收益时，统一货币区才是欧盟各成员国的首选。欧盟货币政策协调受到最优货币区理论的影响，也坚持了这一成本—收益比较原则，在货币政策协调时追求利益最大化。

最优货币区理论认为加入货币区的收益有：

（1）货币基本职能可以得到更好发挥从而减少交易成本，增强微观经济活力。各成员国在统一货币区内部进行国际贸易时不再需要进行货币兑换是导致交易成本降低的主要原因。有的学者从企业微观的角度分析了如何降低交易成本：一是，在多个国家进行业务往来的跨国公司，其行政和财务管理成本将大大下降。二是，各成员国的企业和其他进行国际结算的单位消除了汇率风险的冲销费用。

（2）汇率不确定性的消除将促进区内各成员国贸易和投资的大幅增长。统一货币区的建立消除了区内各成员国进行区内国际贸易和国际投资的货币贬值风险，刺激了各成员国按照利益最大化进行贸易与投资，有利于区内生产要素和资源的自由流动，有利于各种市场要素的最优配置，提高了区内经济效率和活力。

（3）物价稳定性和透明度增强将改善宏观经济环境。区内各国商品用同一种货币定价，会消除暗含在不同货币价格之下的差异，有助于消除消费者的货币幻觉，消费者可以不受货币兑换的约束在区内自由购物。这客观上增强了各国商品的竞争强度，既方便了消费者，又促进了企业效率的提高。

---

① http：//ec. europa. eu/archives/emu_ history/history/part_ a_ 2_ c. htm.

（4）外汇储备成本减少。统一货币区的构建，区内各国的货币退出流通，不再保留对各成员国的外汇，减少了外汇储备成本。

（5）增强国际协调和对话能力。欧元会引起国际资本流动的变化。货币并轨的过程中，欧洲货币联盟各成员国长期利率纷纷下降，从而降低了投资的资金成本，加上汇率风险的消失，市场透明度的增加，均会大大刺激国际投资的增长。加入货币联盟后，各成员国的经济发展将更加平稳，投资环境亦更具竞争力，从而吸引更多的国际投资流入。区内经济实力的增强和作为统一货币欧元的出现会减少过去各成员国货币对美元的弱势地位。

最优货币区理论认为加入货币区的成本主要集中在汇率政策的丧失：如果区内各国发生不对称冲击，那么汇率政策的丧失使各成员国不能采用相应的汇率政策调节失衡的宏观经济，不利于各国经济的调整，甚至会威胁统一货币区的运行。

欧洲委员会以一种动态和长期的观点分析了加入最优货币区的成本与收益，指出随着经济贸易一体化程度的加深，欧盟国家将会逐渐成为一个最优货币区。将其观点由图 1-1 表示。

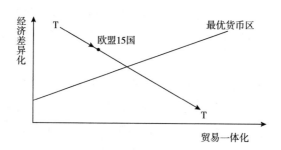

图 1-1　欧洲委员会对货币一体化的观点

资料来源：转引自〔比〕保罗·德·格劳威著《货币联盟经济学》，汪洋译，中国财政经济出版社，2004，第 77 页。

纵轴表示各国家集团之间经济差异化的程度。横轴表示其贸易一体化程度。TT 曲线表示当各国贸易一体化程度加深，经济差异化程度会下降，遭受非对称冲击也会下降。最优货币区曲线表示加入货币联盟后，成员国成本与收益相同的经济差异化程度与贸易一体化的点的组合。欧盟 15 国标识在 TT 曲线上，同时该点在最优货币区曲线的左边，表示现在的欧盟 15 国可能还不构成最优货币区。随着贸易一体化的推进，该点会沿着 TT 曲线向下移动，必将会进入最优货币区区域。根据这一观点，我们可以假设，在欧盟内部一体化进程不断推进，随着时间的变化，货币联盟会有利于欧盟所有的国家，也就是说虽然目前欧元区并不是一个最优货币区，但货币、经济的一体化将使欧元区在"事后"成为最优货币区。从上可以看出，最优货币区的标准具有内生性，就是各国决定加入货币联盟的主观愿望。

客观而言，欧委会的经济理论和分析过程的科学性值得探讨。从中得到的启示是，欧元远不是一个经济意义上的货币，所谓的成本—收益分析本质上只是一个宣传，政治因素对欧洲经货联盟的建设至关重要。

第二节 欧洲经货联盟建设的纵向比较

欧洲经货联盟建设道路并不平坦，历经反复，在建设过程中有很多争议，其过程有停滞，甚至有倒退。从长远的视角来看，各个历史阶段的欧洲经货联盟建设既存在一定的相似性，也有较大的差异，但总体而言是在不断向前发展的。这种前进在货币政策协调方面表现得尤其突出。

一 从协调的主体看，超国家机构欧洲中央银行逐渐取代了各成员国及其职能机构对货币政策的决策权

由欧盟各成员国货币一体化发展实践来看，在货币政策协调中起主导作用的机构由各成员国政府及中央银行转为欧洲中央银行领衔的欧洲中央银行体系。在欧洲经济一体化早期，货币政策的协调主要是为了实现国家层面的目标，比如德国与法国之间货币、汇率政策的协调（德法之间汇率、货币政策的协调主要由德法两国的政府及中央银行负责），法国国内货币政策与财政政策之间的协调（法国国内货币政策与财政政策的协调主要由法国的中央银行和财政部共同讨论决定）。这类协调主要是由各成员国政府及职能机构负责的。

《罗马条约》涉及了各成员国的货币问题，把汇率政策描述成一件需要共同关注的事情，但并没有制定具体的规则来约束各成员国的行为。这段

时期货币政策的协调靠各成员国政府及其中央银行的自发行为来实现。这一时期正处于布雷顿森林体系稳定时期，各国货币汇率与美元挂钩，货币市场相对稳定，各成员国货币政策的协调意愿不强，对统一货币当局建立的需求并不强烈。但值得注意的是，《罗马条约》要求建立一个货币委员会，该委员会由每个成员国两名代表（一般是财政部、中央银行各1名）及委员会两名代表组成。

随着布雷顿森林体系开始动摇和经济一体化的发展，各成员国货币政策协调开始频繁，欧洲各国政府尝试建立经济和货币联盟，随后发表了《沃纳报告》。该计划倡导到1980年时完成货币一体化，提出向货币联盟前进分三步走的方法，以最终实现固定汇率和共同货币政策的目标。该计划提出了要组建负责共同货币政策的超国家的类似于央行的机构的设想，但对如何组建却没有具体的规定。货币政策的协调仍然由各成员国政府及职能机构主导，但《沃纳报告》首次明确提出了应该组建统一的类似于央行的机构。

如果按照《沃纳报告》的计划顺利发展，那么超国家的统一货币当局也许很快就会成立并主导各成员国的货币政策协调。但事与愿违，由于《沃纳报告》提出的时期正是布雷顿森林体系晚期，当时的货币市场异常混乱，妨碍了《沃纳报告》的实施。这使得在70年代各成员国货币政策的协调仍然靠各成员国政府及中央银行实行。在后来的欧洲货币体系时期，由于经济一体化和政治因素影响，各成员国的货币政策协调越来越受到关注，受到了稳定汇率机制（汇率机制Ⅰ）的限制。这个时期建立了一个机构——欧洲货币基金，它是以欧洲货币合作基金为基础扩大而来的，其职能是支持成员国对外汇市场的干预，以促使汇率的稳定，管理成员国中央银行间的信贷，逐步集中成员国的外汇储备，向欧洲中央银行过渡。这个机构可以看作是超国家的货币协调机构的萌芽。这个时期货币政策的协调虽然仍由各成员国中央政府及中央银行主导，但要受到欧洲货币基金的较大约束，为后来欧洲货币局及欧洲中央银行的建立打下了基础。

《马约》明确了超国家的统一货币当局的诞生日期。1994年，建立了欧洲第一个超国家的货币机构——欧洲货币局。欧洲货币局的建立使货币政策制定及其协调的主导权逐渐从各成员国转移出来，为欧洲中央银行的最终建立做好了铺垫。1998 年 6 月，欧洲中央银行正式成立，其基本职能包括：制定和实施经货联盟的货币政策、实施外汇操作、使用并管理加入欧元区各国的官方外汇储备、促进支付系统的平稳运行。欧元区国家的货币政策完全由欧洲中央银行制定，欧盟内非欧元区国家的货币政策也要受到欧洲中央银行的很大影响。而且从发展趋势看，非欧元区国家逐渐会加入欧元区，这会使欧洲中央银行在货币政策协调上的主导地位越来越高。往后，欧盟各成员国货币政策的协调将由超国家的欧洲中央银行主导，各成员国退居次席。欧盟货币政策的协调上升到了为实现欧盟整体水平目标而进行。

二　从协调的程度看，欧洲货币政策协调的范围逐渐扩大，层次逐渐深化

欧洲货币一体化从初级的汇率政策、货币政策协调到现在单一的货币政策，经历了不同范围、不同层次的协调，协调程度不断深化。货币政策协调程度的深化主要表现在三方面：一是参与协调的国家越来越多，现在加入欧洲中央银行体系的国家有 20 多个，包含了欧洲大部分经济实力较强的国家；二是负责货币政策协调的机构日益完善，欧洲中央银行体系日益健全；三是货币政策协调的内容更为丰富、层次更加深化。

首先，参与货币政策协调的成员国越来越多。在《罗马条约》时期，欧洲各国对货币政策协调的意愿还不强，只是模糊地表达了应该就汇率政策进行协调的意愿。当时关注的重点是共同市场的构建，在此基础上形成了欧洲共同体，也就是说参加欧共体的六个国家（比利时、德国、法国、意大利、卢森堡和荷兰）在意愿关心货币政策协调，但并不强烈。1969 年的海牙首脑会议上，上述六个国家清晰明确地表达了应该就货币政策进行协调，《沃纳报告》制订了通向经货联盟的具体计划，随后进行了汇率政策协调的实践——蛇形浮动汇率机制。1972 年上述六个国家最先加入蛇形浮动汇率机制，规定了各自的双边汇率。同年 5 月，英国、爱尔兰、丹麦、挪威决定参加蛇形浮动汇率机制。可是，英镑的地位实际上比较虚弱，无法维持与其实际购买力不相称的高汇率，英国在 6 月退出蛇形浮动汇率机制，

爱尔兰也采取了同样的措施。9月，挪威公民投票否决了参加共同体一案，挪威于是退出蛇形浮动汇率机制。蛇形浮动汇率机制不久就维持不住而告崩溃。欧共体成员国中，英国、爱尔兰、意大利的货币汇率继续单独自由浮动，其余成员国的货币汇率则协调自由浮动。在1973年，挪威又和瑞典一道，把它们的货币汇率与这些成员国的汇率波动联系起来，成为联合浮动集团的两个非共同体成员参加国。进入1974年后，通货膨胀与经济危机相结合的问题在许多国家日益恶化，法国先后两次退出蛇形浮动汇率机制后，瑞典这个非成员国也于1977年退出联合浮动。至此，参加联合浮动的只剩下联邦德国、丹麦、比利时、荷兰、卢森堡以及非共同体成员国的挪威，而法国、英国、意大利、爱尔兰四国则在该体制之外。蛇形浮动汇率机制的运行虽然并不理想，但它为后来欧洲货币体系的建立打下基础并积累了经验。在欧洲货币体系时期，参加该体系的国家变得更多，到经货联盟正式运行之前该体系的成员国达到了15个。最早加入汇率机制Ⅰ的国家有8个（比利时、法国、德国、爱尔兰、意大利、卢森堡、荷兰、丹麦），后来增加了英国、西班牙、葡萄牙。在1992年欧洲货币体系末期，英国和意大利由于当时的货币贬值风暴退出了汇率机制。在向经货联盟过渡时期，成员国又一次增加，奥地利、意大利、英国、希腊、芬兰和瑞典又加入了。1999年欧洲经货联盟第三阶段开始运行时，有11个国家（奥地利、比利时、芬兰、法国、德国、爱尔兰、意大利、卢森堡、荷兰、葡萄牙、西班牙）加入欧元区。后来，希腊在2001年加入欧元区，一些新入盟的中东欧国家也相继加入汇率机制Ⅱ，并表达了想加入欧元区的强烈愿望。截至2014年，加入欧元区的国家共有18个，汇率机制Ⅱ国家有丹麦和立陶宛。抛开政治因素的影响，参与欧盟货币政策协调国家的增多，充分说明其货币政策协调是成功的，它吸引了众多的国家参与到这个体系中来。

其次，负责欧洲货币政策协调的机构日益完善，欧洲中央银行体系日益健全。在蛇形浮动汇率机制时期及其以前，欧洲各国货币政策协调的主导权主要归于各成员国。到了欧洲货币体系时期，出现了一个专门的机构——欧洲货币基金。欧洲货币基金职能单一，仅负责各成员国的外汇储备，不具备统一货币当局的所有职能，并不健全。后来的欧洲货币局职能得到了完善，为欧洲中央银行的成立奠定了基础。现在的欧洲中央银行有较强的独立性，可以自主制定欧元区货币政策，拥有较为齐全的机构。欧洲中央银行自欧元流通以来虽然得到了很大的发展，仍然存在需要完善的地方。欧洲中央银行的很多职能在很大程度上需要依靠欧洲中央银行体系实施。从表 1-1 可以看出，欧洲中央银行工作人员的数量不论是同各成员国中央银行相比，还是同美国联邦储备体系的员工数相比都显得太少。但单就现有的欧洲中央银行来说，完全可以支配欧洲中央银行体系。与其他中央银行相比，现在的欧洲中央银行体系拥有全世界最多的员工和最为齐全的职能部门。欧洲中央银行完全可以通过欧洲中央银行体系来完成对各成员国货币政策的协调。

表 1-1　欧洲中央银行和欧洲中央银行体系员工的相对数量

中央银行体系	员　　工
美联储	25000
董事会	1700
董事会/总人数	7%
德意志联邦银行	15881
董事会	2579
董事会/总人数	16%
欧洲中央银行体系	63000
欧洲中央银行	576
欧洲中央银行/欧洲中央银行体系	0.9%

资料来源：〔荷〕塞尔维斯特尔·C.W. 艾芬格、雅各布·德·汉：《欧洲货币与财政政策》，向宇译，中国人民大学出版社，2003，第 52 页。

最后，欧洲各国货币政策协调的内容不断丰富，层次不断深化。在《罗马条约》时期，《罗马条约》中就写入了关于"各成员国政策应逐步趋同"的规定，并要求成员国的经济与货币政策应保证国际收支平衡，维持币值信心，促进就业和物价稳定，要求成员国对经济政策、汇率政策、货币政策给予共同的关心。《罗马条约》孕育着欧洲货币联盟的萌芽，但未对货币联盟规定明确的目标和时间表。《沃纳报告》提出向经济与货币联盟前进分三步走的方法，以最终实现固定汇率和共同货币政策的目标。为实现这一目标，欧共体理事会决定建立共同体内部的汇率协调机制，推行可调整的中心汇率制，这就是欧共体历史上著名的蛇形浮动汇率机制。这标志着欧共体各国在汇率政策的协调上走出了实际的一步。70 年代末至 90 年代初欧洲货币体系时期，协调的内容更加广泛，《马约》规定分三个阶段实现欧洲经货联盟的设想。第一阶段主要是加强各成员国经济政策的协调和中央银行之间的合作，消除不利于金融一体化的障碍，消除外汇管制，实行内部资本的完全自由流通。第二阶段从 1994 年 1 月 1 日开始调整各成员国的财政预算政策，为建立欧洲中央银行体系进行制度和结构方面的准备，进一步加强成员国经济的趋同。上述两个阶段涉及的内容包括：汇率政策、货币政策、资本市场及其他金融市场的改革，欧洲中央银行体系的建设等，其内容涵盖了各成员国货币政策协调的各个方面，协调程度比以前大为加深。第三阶段就是 1999 年以来运行的欧洲经货联盟，货币政策的协调往单一货币政策发展。2002 年 2 月 28 日，各欧元实施国的本国货币完全退出流通，欧洲货币一体化计划完成。虽然欧盟内有的国家（英国、丹麦、部分入盟的中东欧国家等）仍未加入欧元区，但从多国货币政策到单一货币政策是货币联盟发展的必然趋势。欧元启动要求制定共同的货币政策，执行共同货币政策的程序和机构也与以往有所不同。单一货币及固定汇率实现之后，各成员国理所当然地就不能再用调整汇率的手段去调整国内经济失衡，实现国内经济目标。完全的资本自由流动和金融市场一体化必然要求货币政策的合作向着更有力、更紧密的方向发展。一旦金融机构可以自由地接受任何成员国居民任何形式的存款或可自由地贷款给这些居民，那么各中央银行的地域界线将消失。在这种情况下，货币政策执行的效果如何将越来越依赖于欧洲中央银行体系有效运作，欧洲中央银行及其各成员国的中央银行合作必将日益深化，货币政策合作的层次越来越高。

为了对欧盟货币政策协调的发展有一个正确的理解，有三点需要说明：一是欧盟货币政策协调阶段之间没有明显的界线，不同阶段的货币政策协调内容之间相互交叉，并非严格连续，在尝试更高层次的政策协调之前不一定完全实现低层次的政策协调。相反，只有较高政策协调取得进展之后，反过来推动前面阶段的政策协调。比如财政政策的协调，从关税同盟到经济货币联盟，一直进行着财政政策的协调，但只有实现货币一体化后，财政政策协调才上升为主要方面。所以，货币政策协调具有明显从低级到高级的趋向，但并非泾渭分明。二是欧盟货币政策协调发展的渐进性。渐进性是指货币政策协调各层之间相辅相成的关系。任何伴随着经济一体化的货币政策协调，都需要经历汇率政策协调、货币政策协调、财政政策协调等几个阶段。在发展过程中，超越任何一个阶段都是不现实的。在《罗马条约》中已提出对欧盟的财政、货币政策进行协调，但没有实质的规定。因为当时一体化要求商品的自由流动，所以，进行的政策协调只是贸易政策协调。1969 年提出的《沃纳报告》中指出于 1970 到 1980 年间建成经济货币联盟，但由于这时期还没有建成统一大市场，各成员国之间的生产要素还没有达到自由流动，各国的经济差异还比较大，实现经济货币联盟并不具备条件，加之布雷顿森林体系的崩溃，使经济货币联盟难以启动。1989 年《德洛尔报告》中对财政、货币政策的协调才有了具体的措施，进入实质性阶段。从这个历程可以看出，货币政策协调的深化是渐进的，必须是一体化达到一定的程度才能实现。三是欧盟经济一体化与货币政策协调的层次存在着对称性。经济一体化的实践，必须借助各成员国之间政策的融合，因此，经济政策协调推动着货币一体化的发展，并与货币一体化的发展程度相适应。如汇率政策协调使欧共体建立了真正的统一大市场，货币政策协调与财政政策协调就成为经货联盟的重要保障。

三　从协调的机制看，欧洲货币政策协调的程序日益完善

最初的欧洲货币政策协调过程，是各个国家首先有了进行协调的意愿，然后坐在圆桌旁，针对某一个需要协调的问题进行磋商、谈判，在坚持平等、民主的原则下，几经周折，达成协议，然后各国按协议执行。这和欧洲早期的其他宏观经济政策如关税同盟、共同农业政策类似，属于比较简单和低层次的协调。在协议制定后，借助法律、指令、指示等加以约束，对于违约的国家没有机构具体执行处罚，政策协调的效果在一定程度上依靠国家的信誉来保证。这个协调程序可以简单分为以下几个阶段：

（1）各成员国首先要有协调的意愿。由于一体化的深化，各国经济相互依赖的程度较大，跨国溢出效应增强。为了使负溢出效应内在化，进行货币政策的协调势在必行。当各国政府认为协调能够带来利益时，就有了协调的意愿。这时，各国才有可能坐在同一个谈判桌边进行讨价还价。

（2）各成员国彼此交流需要的信息。货币政策的协调需要各成员国广泛地交流信息，信息交流是影响货币政策协调的重要因素。《罗马条约》、《沃纳报告》、欧洲货币体系都是建立在各成员国广泛地交流意见与磋商的基础上。

（3）监督机制。在欧洲经货联盟运行之前的时期，货币政策协调的执行主要受到各成员国缔结的共同条约的约束，主要以参与国家的责任心、承诺和声誉作为条约顺利执行的保障。这是一种较为松散的协调方式，没有对各成员国违约的具体处罚条款。①

从上面的协调程序可以看出，经货联盟建立之前的货币政策协调程序虽然有了较大的发展，但在负责货币政策协调的机构和监督机制上仍不完善，比如《沃纳报告》就是由欧共体临时委托一个委员会起草的。在经货联盟时期，各成员国完善了协调的执行机构和监督机构，明确了具体的惩罚措施。现在货币政策的制定和协调归于欧洲中央银行，欧洲中央银行以物价稳定为首要目标，综合考虑欧盟委员会和各国财政部对于经济情况（财政预测、工资的发展趋势等）所作的分析。货币政策协调中已建立了严格的监督机制。《马约》中制定了三项与货币政策协调相关的规定：首先，成员国在加入经货联盟前一年的通货膨胀率不能超过三个物价最稳定的成员国的平均通货膨胀率的 1.5%；其次，成员国必须先加入汇率机制 II 两年以上，在两年内其货币兑欧元的中心汇率不得贬值，且市场汇率维持在中心汇率的 ±15%；最后，财政赤字不超过 GDP 的 3%，负债不超过 60% 等。欧洲理事会如发现成员国财政赤字与 3% 的最高限额有较大的偏离，就提出警告，采取适当措施加以纠正。如在一定的期限依然有过度赤字，就采取处罚措施，处罚一般是以无息存款的形式进行，有过度赤字的国家被要求将一定规模的存款存入欧洲联盟，存款数量一般取决于赤字规模，大约为每超过 3% 这一标准一个百分点，罚国内生产总值的 0.2% ~ 0.5%。如果该国在两年内消除了过度赤字，欧盟将返还存款；如两年后仍未消除过度赤字，这笔存款就将转为罚款予以没收，且在首次缴纳存款后，每年都需缴纳额外的存款，直到消除过度赤字为止。从上面详细的规定可见，欧盟已

---

① 成新轩：《欧盟经济政策协调制度的变迁》，中国财政经济出版社，2003。

经非常注重货币政策协调的监督情况，并采取了具体有效的措施保证货币政策协调的成功。

　　显然，在经济货币联盟阶段，欧盟货币政策协调程序已经比较细致，可以说比较完善，从制定到执行再到监督，每个细节都包括在协调的过程中。所以，欧盟货币政策协调程序伴随着一体化进程逐步进行了完善。

四　从协调的效果看，欧洲货币政策协调的作用日益显著

　　在早期的欧洲货币政策协调时期，欧洲各国货币政策协调的成效非常有限。该时期处于布雷顿森林体系比较稳定的时期，各国货币与美元挂钩，各成员国之间的货币协调较少。另外货币政策的协调是以经济政策的协调为基础的，而此时欧洲经济一体化也处于起步阶段，因此该时期货币政策协调的效果不很明显。在 70 年代的蛇形浮动汇率机制下，欧洲货币政策协调效果初现，但由于该机制规定的浮动范围过窄和糟糕的国际货币局势等其他一些因素的综合影响，蛇形浮动汇率机制效果并不理想，最后被欧洲货币体系取代。在欧洲货币体系时期，货币政策协调有了很大的发展，建立了浮动范围更大的汇率机制和欧洲货币基金，各成员国把维持欧洲货币体系作为一种共同的责任来承担，并把欧洲货币单位（ECU）作为欧共体各国共同的外汇储备资产和各成员国货币当局划拨清算的一种工具。欧洲货币体系运行比较成功，将各成员国的汇率逐渐固定，还吸引了更多的成员国参与，为向欧洲经货联盟顺利过渡打下了良好的基础。欧元流通后，欧元区通行单一货币，降低了交易成本、扩大了资本市场、消除了汇率风险、消除了价格不确定性、增强了竞争，为各成员国带来了极大的好处。

第三节　欧洲经货联盟不断发展的根本原因

　　欧洲各国长期的经济、货币政策协调的努力终于在 90 年代末实现了欧洲货币一体化，促使各国走向了经货联盟。诱使欧洲各国进行货币政策协调的因素有经济、社会、政治和历史等方面。在欧洲货币合作方面，政治

力量曾经有力地推动了欧洲货币一体化。因此，这里主要从经济和政治层面探讨促使欧洲国家进行经济、货币政策协调的原因。

一 只有更高层次的货币一体化才能满足快速发展的欧洲经济一体化要求

欧洲经货联盟的成功建设包含了欧洲一体化进程一贯的制度性的特征，各个成员国政府的法律或其他的具有强约束力的政府手段是推动区域经济一体化进程向高级阶段发展的实际成因。但是货币一体化作为区域经济一体化从低级到高级循序渐进的产物，它的形成基础实际上是欧洲经济一体化发展至今的成果。欧盟货币政策协调也是随欧洲经济一体化的发展而不断进步，最终产生了欧元。从经济上看，日益加深的内在经济联系是欧盟货币政策协调产生的基础，统一货币是深化欧洲统一大市场的需要。随着统一的欧洲大市场的建立，欧洲各国之间的经济联系日益加强，欧盟内部各国间相互贸易扩大，欧盟国家进出口总额的60%在区内，各国采用共同货币的利益越来越大，这就产生了对货币政策协调的制度需求。制度往往解决经常出现的协调问题。新古典经济学通常强调制度减少交易成本，提高经济效益的功能。制度的变迁是自发与设计相互作用的结果。从某种意义上来说，货币政策协调就是一种制度，政策协调深化的过程就是制度变迁的过程，这种变迁要么来自组织内部不同利益集团之间利益冲突的消除，要么源于组织对新的经济环境和经济增长过程提出的要求所作的必要回应。而且随着凯恩斯主义盛行，西欧国家对于经济运行与社会生活的管理干预能力进一步加强。例如，英国的社会保险制度，法国的国家计划，德国建立在市场经济基础上的财政调节，荷兰通过劳资双方与政府合作以控制收入防止通货膨胀的做法，都表明了国家干预的成熟，从而为实现高层次的货币政策协调奠定了基础。①

欧元的诞生给欧盟带来的具体好处如下。首先，欧元的启用大大降低成员国之间经济生活中的交易成本。欧元的采用可以简化手续，节省时间，加快商品和要素的流通速度，大幅度降低货币汇兑和保值支出，减少核算

---

① 成新轩：《欧盟经济政策协调制度的变迁》，中国财政经济出版社，2003。

成本和交易费用等非生产性支出。据测算，由于个人和公司为兑换外汇向金融机构交纳的手续费所形成的交易成本约占欧元区 GDP 的 0.25%。此外，消费者还可以对各国的物价一目了然，免去了转换的麻烦，也便于商家销售。降低交易成本、提高经济效率既是货币政策协调的结果，又是更高层次的货币政策协调产生的动因。共同大市场建立之后，为了进一步降低交易成本，对影响贸易的汇率进行了协调，实行了蛇形浮动汇率机制，但只要汇率存在，汇率风险就会存在。所以，经过经济指标的趋同，最后实现货币的统一，达到货币政策协调的最高形式。欧盟就是从减少交易活动中所遇到的各种障碍或者摩擦的角度，不断实现经济和货币政策协调的深化。其次，欧元的启用将有利于减少外汇风险。欧元正式流通后，欧元区各成员国之间汇率的波动就不复存在，这将大大减少统一大市场内部的经济风险。欧元区内部的经济相关度很高，区内贸易量的比重高达 60% 以上。随着外汇风险的减少，欧元区各成员国之间融资和投资的步伐将大大加快，企业跨国兼并和收购将更加活跃，各种要素在整个欧元区将得到更加合理和高效的配置。再次，欧元的启用可以降低中央银行对汇率的干预成本，节约外汇储备。欧元区成员国之间的相互进口占总进口的比重将上升，内部资本流动将加快，统一的中央银行对外汇市场的干预能力将大大增强，汇率的稳定程度将提高，使得外汇储备的适度规模大幅降低，进而减少外汇的持有成本。最后，欧元对欧元区国家抑制通货膨胀、稳定物价起到积极作用。欧元启动后，货币政策由欧洲中央银行统一制定，欧洲央行具有较强的独立性，并且把抑制通胀、稳定物价当作首要目标，这将从制度上减少恶性通胀产生的可能性。

可以看出，欧元区实行单一货币后，减少了因外汇交易和套期保值而产生的汇兑费用，增加了市场的透明度，而且有助于统一市场内部的商品流通，同时也可以减少汇率风险，刺激了区域内部经济与贸易的增长，从而促进欧盟实体经济的稳定发展和区域经济一体化的深化。因此，为了区域共同福利的提高，进行货币政策协调就是一种必然的政策选择。它既能提高区域资源配置的相对效率，又能提高整体的福利水平。欧洲经济一体化进程中，各阶段的货币政策协调就起到了这样的作用。从纵向的角度看，欧盟货币政策协调经过了支付政策协调、汇率政策协调、货币政策协调，呈现逐步递进的规律，而且，它们之间存在着一种内在的联系。通过支付政策协调方便了商品的自由结算，扩大了市场，这就产生了对汇率政策协调的要求，各国之间汇率机制的协调就应运而生。汇率的协调必然通过各国的货币政策来实现，所以，货币政策伴随着汇率政策的协调而进行协调。当经济指标趋同和生产要素达到自由流动时，货币的一体化就可以实现。而要使货币一体化得到保障，就必须进行财政政策的协调。可以看出，欧盟货币政策协调的发展是随着欧洲经济一体化的发展进程而发展的，欧盟货币政策协调的发展，就是一个不断消除区域内各国之间的冲突和达到更高经济目标的过程。[①]

二 欧盟需要以欧元来提高其在国际金融体系的地位

伴随着全球经济和国际贸易的迅速发展，国际货币体系也在不断变化和发展，国际货币体系从最早的国际金本位制度，到二战后的布雷顿森林体系，发展到现在的牙买加浮动汇率体系。这三种国际货币体系都是根据当时的世界经济和政治形势建立的，每种货币体系都具有不同的特点，对当时的世界经济和国际贸易发展起到了重要的作用，但随着时代的变化，国际货币体系也相应地发生变化。1971 年 8 月 15 日，布雷顿森林体系面临的"特里芬难题"终于不可调和，美国宣布不再承诺以 35 美元一盎司黄金的官价兑换各国中央银行持有的美元，对恢复和促进国际贸易迅速发展产生重要影响的布雷顿森林体系正式退出历史舞台，国际货币体系从此进入自由浮动的汇率体系时代——"牙买加体系"。在这一体系下，美元仍然是主导国际货币体系的货币，美元的霸主地位依靠美国强大的经济实力仍得以保留。就现在的国际货币体系而言，虽然欧元、日元等货币实力在不断上升，美元的霸权地位受到了一定程度的削弱，但美元依旧是主要的国际计价单位和支付与储备手段。而且在布雷顿森林体系中由美国主导建立的国际性金融机构——世界银行和国际货币基金组织还在积极运转，依然受到美国较大的影响，并在稳定国际金融秩序、促进国际经济和货币合作方面发挥着重要作用。由此得出，现在的国际货币体系仍然未摆脱美国

---

① 成新轩：《欧盟经济政策协调制度的变迁》，中国财政经济出版社，2003。

的控制，故而有的学者称为"后布雷顿森林体系"，引发国际货币体系动荡的因素并没有完全解决。浮动性汇率机制并未改变成员从本国利益决定汇率和干预管理的现状，汇率的不断变化严重影响了各国经济贸易的健康发展。美国依靠在这种制度体系下存在的货币优势，对国内巨额的财政赤字和经常项目赤字毫不理会，肆无忌惮地发行美元，世界其他国家被迫向美国输入资金，为美国巨额的贸易赤字埋单，被美国征收铸币税。这种不平等的货币金融制度安排必然损害欧盟国家的利益，主要表现在以下方面。

一方面，"无秩序"的国际货币体系在新的国际金融环境下已越来越成为国际金融市场动荡的根源之一。当前，金融一体化快速发展，金融一体化的发展给国际金融体系增加了不确定的因素。金融一体化是经济全球化发展的必然要求，金融是现代经济的核心，随着经济全球化的不断发展必将推动金融一体化的发展。电子技术等高科技技术引入金融领域，使金融信息的传递变得更加方便快捷，金融工具的创新层出不穷，降低了金融领域中的交易成本，使各地区金融市场连成一体成为可能，这也推动了金融一体化的快速发展。随着金融创新的不断发展，各国相继实行金融自由化，放松对金融领域的管制，金融自由化的发展也为金融一体化的发展创造了条件。金融一体化的发展给世界经济带来了巨大的好处，优化了资本在全球范围的配置，弥补了流入国储蓄与投资之间的缺口，推动了经济的增长，改善了经济福利水平，但同时也给国际金融体系带来了许多不稳定的因素。当前国际金融市场上的游资数额庞大，即便是在过去政府管制资本对外开放时，游资对一国的冲击影响都非常大，更不用说现在的金融自由化。金融自由化使政府对金融领域的管制放松，使得国际资本进入和流出内部市场更为容易，这使得各国在抵御游资时显得力不从心。一旦本国经济金融体系出现问题，非常容易遭受投机资本的冲击。在这种情况下，金融危机爆发和扩散的可能性增加，从80年代以来金融危机已经爆发过数次，而且传染性很强，比如80年代的拉美金融危机、90年代初英镑受到冲击、1997年的亚洲金融危机以及之后的阿根廷金融危机。从金融危机对世界各国的冲击来看，单个国家在应对金融危机时显得力有不逮，绝大多数国家依靠国内有限的外汇储备根本无法抗拒数额巨大的投机资本的冲击。然而，金融全球化是当代经济金融发展的主要趋势，各国只能积极顺应该趋势。现有国际货币体系无法有力地支持各国经济金融的协调发展，有时甚至形成障碍，比如1997年的亚洲金融危机的爆发和扩散给东南亚国家经济带来了灾难性的打击和影响。浮动汇率并不符合欧洲区域产业循环与分工体系的要求，其本身存在的"汇率超调"问题会导致区域内双边汇率的频繁波动，阻碍经济贸易的发展。开放经济条件下存在"三元冲突"，即货币政策的独立性、汇率的稳定和资本自由流动三个目标不可兼得。而随着欧洲金融活动和金融市场的一体化，资本管制的成本不断上升，资本自由流动越来越体现为一种客观趋势而非政策选择，这样欧洲各国政府就面临着"二元选择"：保留独立的货币政策或者保持汇率的稳定。为了维持汇率的稳定，欧洲各国必须让渡货币主权，进行货币政策的协调。欧盟货币政策协调，作为抵御和防范货币危机的重要机制，成为欧洲国家的现实选择。原因是它能够增强每个成员国可用于抗击货币冲击的国际流动性，同时通过扩大外汇市场减少价格的波动性和削弱投机者影响价格、破坏货币政策实施的能力。从政策层面来看，欧盟货币政策协调的必要性表现在，欧洲经济一体化使一国实行某种经济政策会对其他国家的经济发展产生溢出效应，且一国的货币危机对另一国的传染性越来越强，在这种情况下各成员国必须加强货币金融政策的国际协调。而从集团利益来看，属于同一地域的欧盟国家货币政策的协调有助于本地区经济的健康发展。欧洲中央银行已经明确表示，如果其他货币受到金融风暴冲击，欧元将采取"不援助政策"。欧洲各国加入统一货币区是建立在自愿的基础上，各成员国在符合加入标准时有权选择加入或是不加入，比如英国和丹麦在欧元区成立之时就选择了不加入。欧洲中央银行的意思是对那些没有加入统一货币区的国家，在受到金融危机冲击的时候，欧洲中央银行没有义务对其进行援助。这是符合加入欧元区的国家的利益的。这是因为组建欧元区需要所有国家都付出一定代价，各成员国付出代价就是为了获得汇率稳定这一重要的成员福利。如果不参加货币区、不付出相应的成本而又能够获得汇率稳定的利益，实际上是在搭便车，对于参加货币区的国家是不公平的。这种"不援助政策"会产生一种附效应。国际投机资本在无法撼动巨大的欧元的情况下，就对那些较小的货币更加感兴趣。这样区内国家遭受金融动荡的可能性减少，孤悬于货币区外的这些国家将面临更大的金融风险和不利的外部环境。而且区外国家还会因为没有加入欧元区，导致公众对该国货币信心下降，从而可能加大其汇率波动。

另一方面，欧洲国家受制于美元汇率的波动，只能被动地配合美国的货币政策，充当美国的资金供给者。这是一种有利于美国而不利于甚至会损害欧洲的安排；而单独的各欧洲国家又无法与美国抗衡。美国的货币政策主导着全世界的货币政策，欧盟国家只有联合起来才有可能抗拒甚至逐渐摆脱美国的控制，并与美国平起平坐。欧元的引入改变了以美元为主导的国际货币格局，成为稳定国际货币秩序的新因素。自从英镑的世界货币地位让位于美元之后，美元一直是世界各种货币的核心，只是其核心地位在逐渐衰退。二战过后建立的布雷顿森林体系，美元在各种货币中处于一种绝对主导的地位。后来，由于美国经济实力的下降，加上美国国内国际收支出现巨额赤字，影响了美元的实力，"双挂钩"的布雷顿森林体系难以为继，在 70 年代初崩溃。德国马克和日元异军突起，对美元的强势地位提出了一定的挑战。究其根本，国际货币体系仍然没有突破美元为主导的框架。因此，许多学者认为现行的国际货币体系仍然是美元本位的延续，将其称为后布雷顿森林体系。欧元的诞生也许会改变这种局面，这是因为欧元区的经济规模略等于美国的经济规模，在强大的经济实力支持下，欧元可能成为国际货币中能与美元抗衡的国际货币。这种关系对稳定国际货币体系具有显著作用。欧元的问世有助于国际汇率制度的稳定。欧元由于有欧盟强大经济实力的支撑，而且区内货币政策相对稳定，成为稳定欧元币值的有效保障，中长期必将是较为稳定的货币，为世界货币体系增加了一个"稳定器"。

总之，在上述两方面的影响之下，欧盟致力于协调各成员国的货币政策，最终走向货币一体化。

三 欧洲政治一体化有力地推动了货币一体化

政治一体化一直是欧盟追求的无法公开宣称的目标，只是在最初由于条件不具备，实现政治领域的合作难以达到，所以，各国就试图通过经济的联合促进政治的统一。可见，经济的融合是服务于政治目的的。在欧洲，两次世界大战使欧洲人民饱受战争之苦。从第二次世界大战的废墟上出现了一个新的欧洲。曾在战争中抵抗集权主义的人们决心结束欧洲的仇恨和对抗，在宿敌之间建立持久的和平。1945～1950 年，一批颇有勇气的政治家，例如阿登纳、丘吉尔、加斯佩利和舒曼等，便开始向人民宣传欧洲必须向新时代迈进的理念。西欧必须建立一个以人民和国家的共同利益为基础的新秩序。它将建立在保证法治和各国平等的条约基础之上。当时的法国外长舒曼采纳了经济学家和外交家让·莫内最初提出的一个意见，于 1950 年 5 月 9 日提出成立欧洲煤钢共同体（ECSC）的建议。在这些曾经交战的国家，煤炭和钢铁的生产将集中到一起，由一个共同机构领导。战争的原料变成和解与和平的工具，这是一种务实而又充满象征意义的方式。① 这开启了欧洲宏观经济政策协调包括货币政策协调的先河，从此以后政治力量一直是推动欧洲货币联盟建立的重要要素。

在《沃纳报告》制订期间，以法国为代表的"货币先行"观点和以德国为代表的"经济先行"观点展开了激烈的争论，争论的目的是哪种方式才是实现货币一体化的有效路径。"货币先行"观点主张，应该先对各国的汇率体系进行稳定，维护规定的汇率或其可容许波动的幅度，通过汇率的稳定可以促进各国货币政策与其他宏观经济政策的协调。"经济先行"观点认为，没有基本宏观经济政策的协调，而想实现区域内汇率的稳定是一种奢谈。如果成员国通货膨胀率与经济增长率彼此悬殊，货币的一体化的目标就难于实现。因此，提出应建立超国家的机构来协调各成员国的基本经济政策，实现最终的货币一体化目标。两种观点的提出有着深刻的政治背景，法国当时害怕德国依托强大的经济实力在一体化进程中占据主导地位，强烈反对建立超国家机构对各成员国的经济政策进行协调，在此阶段法国采取了"邦联主义"的做法，而德国却坚持了"联邦主义"的做法。后来经过双方的讨价还价，法国的观点占了上风，《沃纳报告》体现了"货币先行"的观点。由于"货币先行"的观点存在弊端，导致了货币一体化道路的坎坷。两者的争论为后来的大国思考如何选择货币一体化的道路提供了

---

① 帕斯卡·方丹，《欧盟问题 12 讲》，www. delchn. cec. eu. int。

经验借鉴，欧洲各国认识到了建设超国家机构来协调各成员国经济政策的重要性，在 90 年代初经济学家不大看好建设欧洲经货联盟的情况下毅然选择了经货联盟的道路。

在 90 年代，政治力量在推动经货联盟的建设过程中的作用表现得特别明显。法国等欧洲国家对德国在欧洲货币体系中的主导地位十分不满，认为建立一个货币联盟是解决这个问题的正确方法。而此时的德国在统一问题上需要得到法国等西欧国家的支持，德国接受了其他国家关于建立货币联盟的想法。这最终导致了《德洛尔报告》的实施和《马约》的签订。欧盟各国领导人还意识到建立一个共同联盟可以增强各成员国在世界舞台的影响力，而经货联盟是导向政治联盟切实可行的方法。因此，欧盟各国领导人表现了推动欧洲向经济货币联盟第三阶段迈进的共同的"政治意愿"。欧洲经货联盟第三阶段在 1999 年开始运行。

四　欧盟货币政策协调的"路径依赖"对其发展方向的锁定作用

从欧洲货币政策协调乃至各项宏观经济政策协调的发展来看，"路径依赖"现象非常明显，路径依赖得到了欧盟和各成员国相关决策机构的支持和认可，路径依赖现象对欧盟货币政策协调发挥作用。通过对以往政策协调的经验的不断总结以及所执行的协调机制的依赖和完善，欧盟货币政策协调正在不断完善之中。我们可以在欧盟货币政策协调的发展历程中（尤其是蛇形浮动汇率机制、汇率机制Ⅰ和汇率机制Ⅱ）考察欧盟货币政策的路径依赖现象。

为实现《沃纳报告》提出的向经济与货币联盟前进分三步走的目标，建立了共同体内部的汇率协调机制，推行可调整的中心汇率制。当 1973 年全球性石油危机爆发时，欧洲经济陷入困境，蛇形浮动汇率机制由于其自身缺陷执行举步维艰，中心汇率经过数次修正，许多成员国退出蛇形浮动汇率机制。1979 年，蛇形浮动汇率机制停止运转，由欧洲货币体系所取代。70 年代蛇形浮动汇率机制并不成功，欧洲各国货币政策协调进入了低潮期，但它为后来的货币一体化发展积累了宝贵的实践经验。

1979 年，欧洲货币体系宣告成立。欧洲货币体系极大地参考了蛇形浮动汇率机制，是蛇形浮动汇率机制的延续和发展。欧洲货币体系建立了以埃居为中心的汇率体系，并且可调整。这一点和蛇形浮动汇率机制的理念类似。另外，还建立了欧洲货币基金。欧洲货币基金是以欧洲货币合作基金为基础扩大而来的，目的是支持成员国对外汇市场的干预，促进内部汇率体系的稳定，协调各成员国中央银行间的信贷，逐步集中成员国的外汇储备。在其近20年的运行中，欧洲货币基金对货币市场的干预能力及成员国经济的同步性都有所增强，尤其是其运转的前10年欧洲货币体系取得了非凡的成功，欧洲货币的波动明显减少，成员国中央银行获得了共同管理汇率的宝贵经验，为欧盟各国走向货币一体化奠定了坚实的基础。

欧洲汇率机制Ⅱ的主要内容包括：第一，欧元区内成员国货币与欧元之间保持永久的固定汇率制。ERMⅡ规定，从1999年1月1日起到2002年1月1日的3年过渡期内，所有欧盟国家货币与欧元同时存在，但欧元不进入流通领域，欧元按1∶1的比例取代以前使用的欧洲货币单位（ECU），可以看出欧元是埃居不断发展的产物。第二，以欧元为中心，非欧元区成员国货币与欧元之间实行可调整的钉住汇率制。新的汇率机制以欧元为汇率机制的中心和记账单位，与尚未加入欧元区的欧盟成员国建立双向汇率机制，在非欧元区成员国货币与欧元之间确定一个中心汇率，其波动幅度为±15%的标准。在此幅度内，非欧元区成员国央行有权根据本国经济趋同变化的程度、速度与欧洲中央银行（ECB）协商确定或重新调整中心汇率。第三，欧洲中央银行负责汇率机制的日常管理事务。欧洲中央银行对外汇市场的干预手段有：灵活运用利率工具；可以运用各国上交的欧元储备；与其他国家进行货币互换。虽然欧洲中央银行拥有干预外汇市场的权力，但这种权力并不是把区外国的中央银行排斥在外的。区外国中央银行可以不与欧洲中央银行制定的共同货币政策相抵触的情况下对外汇市场进行干预。区外国中央银行和欧洲中央银行可以通过协商对外汇市场进行联合干预，其干预的依据是欧盟理事会的决议。从欧洲汇率机制Ⅱ的主要内容可以看出其设计上的几个特点都与汇率机制Ⅰ非常类似，是汇率机制Ⅰ的进一步发展。

纵观欧洲货币政策协调的发展过程，蛇形浮动汇率机制、汇率机制Ⅰ和汇率机制 II 是一个逐渐发展、不断递进的过程，上个发展阶段为后一阶段提供了蓝本和借鉴，后一阶段对上一阶段积极吸收利用，上一阶段对后一阶段的发展内容和形式提供了强力的锁定，路径依赖在各阶段的递进中表现得非常明显。路径依赖现象不仅在过去欧盟货币政策协调中发生作用，而且对未来货币政策协调的发展也将产生锁定作用。

第二章

欧洲经货联盟的非对称制度设计：货币统一与经济分散

在欧洲经货联盟建设过程中，关于经济政策和货币政策两大支柱孰先孰后的讨论就一直没有停息。从 1999 年欧元引入的结果看，欧洲经货联盟是一只跛脚鸭，经济政策支柱实质上较空，这也为欧债危机的爆发埋下了伏笔；单一货币和货币政策等货币支柱领域方面的制度建设是比较成功的，货币政策的决策和执行权全部归于具有高度独立性的欧洲中央银行体系。本章主要就欧盟货币一体化的制度机制和特征进行研究分析。

第一节　二元运行并存——欧盟货币政策协调的机制

当前的欧元区和欧盟成员国并不完全重叠，只有部分欧盟成员国加入了欧元区。这种状况使得欧盟内部关于货币政策产生了两种不同的运行方式：一种是欧元区内部的货币政策是单一的，由欧洲中央银行负责；另外一种是欧盟内非欧元区成员国的货币政策仍然由成员国中央银行负责，但是根据一定的规则和机制在欧盟内部进行协调。

在不同的国家推行单一货币是非常困难的，需要一个共同的中央银行和中央银行体系。欧洲中央银行体系负责欧元区单一货币政策的制定和执行。欧洲中央银行、欧洲中央银行体系和欧元区体系组成了一个多层治理网络，实际上共同承担保持欧盟范围内价格稳定和欧元币值稳定的重任。

欧洲中央银行、欧洲中央银行体系和欧元区体系是既有联系又有区别的概念，欧洲中央银行体系是一个较大的概念，它由欧洲中央银行和欧盟各成员国的中央银行组成，而欧元区体系仅包括欧洲中央银行和已加入欧元区的欧盟成员国的中央银行。由于并不是所有的欧盟成员国都加入了欧元区，在涉及欧洲单一货币政策和欧元时，更多的是指欧元区体系，而不是欧洲中央银行体系。显而易见，欧洲中央银行是这两个体系中的核心机构。

一　欧盟货币政策领域的核心机构——欧洲中央银行

1991 年 12 月《马斯特里赫特条约》规定：最迟在 1999 年建立欧洲经济与货币联盟，将经货联盟内货币政策的制定和执行的权力赋予欧洲中央银行体系。欧洲中央银行体系由欧洲中央银行和欧盟所有成员国包括尚未加入欧元区的成员国中央银行组成。欧洲中央银行体系内还有一个欧元区体系，由欧洲中央银行和加入欧元区的欧盟成员国中央银行组成。欧洲中央银行的一个显著特点是独立性较强。

（一）较强的独立性——欧洲中央银行制度设计的突出特征

欧洲中央银行的主要目标是"保持价格稳定"，与德国规定的德国中央银行的首要任务是"捍卫货币"类似。为了保证欧洲中央银行"物价稳定"这一主要目标的实现，欧洲中央银行的独立性显得至关重要。欧洲中央银行行长理事会有实现欧洲中央银行体系职责和其他特定职责的法定授权。当执行欧元区体系相关任务时，欧洲中央银行和成员国中央银行不能寻求或接受欧盟机构、成员国政府或其他机构的指示。欧盟机构、成员国政府也不能在欧洲中央银行决策机构或成员国中央银行执行任务时施加影响。为此，专门为成员国中央银行行长和执行董事会的成员设计了以下规定：一是成员国中央银行行长的最短任期为五年；二是对欧洲中央银行执行董事会成员八年内不进行更换；三是只能在执行董事会成员不称职或者严重误导时才能将其免职，而且只有欧盟法院拥有解决争端的权能。

欧元区体系也是独立运转的。欧洲中央银行和成员国中央银行有执行有效的货币政策所需的制度保障，能够自主决定如何和何时使用它们。在财政上，欧洲中央银行对成员国的财政赤字和公共债务实行"不担保条款"，欧元区体系不能为欧盟机构或成员国财政部门提供贷款，有利于加强其免受政府机构压力的独立性。[①]

欧洲中央银行的高独立性还引发了欧洲中央银行制度设计存在"民主赤字"的问题，也就是较强的独立性和相对较弱的责任性之间的矛盾。欧洲中央银行从框架设计上主要是以德意志联邦银行的操作模式为蓝本，德意志联邦银行是公认的独立性最强的中央银行之一。欧洲中央银行在独立性的设计上有过之无不及，加上《马约》对欧洲中央银行赋予的较强的独立性，因此欧洲中央银行被认为是世界上最具有独立性的银行之一。[②] 与其较强的独立性相比较，欧洲中央银行的责任性相对较弱。欧洲中央银行的责任义务应包括货币政策的最终目标的决策、实施货币政策的透明度及最终责任三个方面。在货币政策的最终目标的决策和实施货币政策的透明度方面，欧洲中央银行责任性较强，其较弱的方面主要体现在货币政策的最终责任。根据《马约》规定：欧洲议会对欧元区的货币政策负有最后的责任，欧洲中央银行应定期向欧洲议会汇报其货币政策的相关活动。这和普通欧洲国家议会与中央银行的关系形式上是相同的，但问题的关键是欧洲议会与欧洲中央银行之间的关系不能简单地同一国国内议会与国内中央银行之间的关系相提并论。欧洲议会没有权力修改欧洲中央银行的法律基础。也就是说，欧洲议会对欧洲中央银行没有直接的制约。显而易见，欧洲中央银行的责任感就比诸如美国、日本、英国等国家的中央银行弱。于是，这就造成了欧洲中央银行的独立性与欧洲社会的民主程序的不一致，即存在所谓的"民主赤字"。这就会产生两个方面的问题：一方面，如果欧洲中央银行规定的通货膨胀率过低以及相应的货币政策措施过于严苛，超出了社会公众能够接受的程度，这就有可能导致欧洲中央银行与社会公众之间的关系紧张；另一方面，如果欧洲中央银行在实际过程中没能完成稳

---

① http://www.ecb.europa.eu/pub/pdf/other/escb_ web_ 2011en.pdf? 81ac9e6aad3bbdcfe4fe04 af795fa290.

② 郭洪俊：《欧洲中央银行的独立性问题》，《国际金融研究》1998 年第 8 期，第 13 ~16 页。

定物价的货币政策目标，则没有一个程序来对其决策层成员的失职进行制裁。[1] 要从根本上解决欧洲中央银行"民主赤字"的问题，就应当赋予欧洲议会改变欧洲中央银行地位的实质动议权和执行权，但要做到这一点是不容易的，因为它涉及整个欧洲联盟机构改革的问题。

当前，欧洲中央银行有责任对其实行的货币政策进行说明。欧洲中央银行每周发表综合财务报告，每月发布中央银行体系活动报告。有关中央银行体系的活动和货币政策年度报告必须提交欧洲议会、欧盟理事会和欧盟委员会。欧洲中央银行执行董事会成员要求出席欧洲议会有关委员会的听证会。欧盟理事会主席和欧盟委员会的成员可以参加欧洲中央银行行长理事会会议，但没有表决权。欧盟理事会主席可以在欧洲中央银行行长理事会上提出动议，供欧洲中央银行行长理事会审议。尽管有这些措施，仍然没有平息人们关于"民主赤字"问题的争议。

表 2-1　各国（地区）中央银行货币政策的最终责任性比较

	日本银行	英格兰银行	美联储	欧洲中央银行
中央银行是否必须接受议会的监督	是	是	是	是
政府是否有权下达指令	是	是	否	否
在运用否决机制时是否存在某种复审程序	是	是	是	否
中央银行法在议会是否有简单多数同意即可修改	是	是	是	否
总计得分	4	4	3	1

资料来源：De Haan, Amtenbrink, and Eijffinger, "Accountability of Central Banks: Aspects and Quantification", *Banca Nazionale del Lavaro Quarterly Review*, 209, 1999, pp. 169－193.

（二）欧洲中央银行及欧元区体系的主要职责

欧洲中央银行及欧元区体系的职责集中于制定货币政策和确保各成员国中央银行按照要求执行货币政策。

---

[1]　周茂荣：《试析欧洲中央银行的独立性》，《武汉大学学报》2000年第6期，第765～769页。

　　具体来讲，包括以下几条：第一，制定欧元区单一货币政策。欧洲中央银行行长理事会负责单一货币政策的制定，具体内容包括对价格稳定的定义和通货膨胀的认识等，比如，确定和执行基准利率（再融资利率、隔夜贷款利率和隔夜存款利率）。

　　第二，决定、协调和监管货币政策操作。欧洲中央银行指导各成员国中央银行进行货币政策操作，监督成员国中央银行按照要求执行货币政策操作。执行董事会负责具体执行货币政策，一项重要责任是给予成员国中央银行具体的指导，比如，执行董事会每周都要通过主要再融资措施分配银行部门的流动性。

　　第三，制定和颁布法定条款。在明确的授权范围内，欧洲中央银行有权力制定在欧元区体系内具有法律约束力的条文，比如大纲和指导方针。这些措施保证成员国中央银行严格履行分散化的货币政策。在明确的授权范围内，欧洲中央银行还可以采纳适用于欧元区体系外的法律措施。

　　第四，干预外汇市场以及持有、管理欧元区外汇储备。欧元区体系中的成员国中央银行已经将价值大约400亿欧元的外汇储备（85%的非欧元货币，15%的黄金）交给了欧洲中央银行管理，但享有这些储备以欧元计价的附带利息的申索权。根据欧洲中央银行设定的资产管理指导大纲，欧元区体系中的成员国中央银行作为欧洲中央银行的代理机构，参与了欧洲中央银行外汇储备的管理。剩下的外汇储备由欧元区体系中的成员国中央银行持有和管理。这些外汇储备资产的交易要受到欧元区体系的规制，比如，交易金额超过一定数量时需要提前得到欧洲中央银行的批准。欧洲中央银行可以干预外汇市场，如果需要，可以和成员国中央银行联合干预。

　　第五，开展国际合作和欧洲层面的协调。为了表达自己的观点，欧洲中央银行积极参与国际事务，与国际货币基金组织展开对话，参加七国集团、二十国集团等国际论坛。在欧洲层面上，欧洲中央银行行长定期参加欧元区集团的首脑会议、月度非正式欧元区财长聚会等活动，而且欧洲中央银行还可以参加涉及欧元区体系目标和任务的欧盟理事会会议。

　　另外，欧洲中央银行拥有授权货币发行的专有权力。欧元区体系为金融监管也作出了贡献。① 欧洲中央银行还负责和发布货币金融统计数据、编制各种法定报告（周报、月报和年报）、监管投资风险、为欧盟其他机构和成员国政府提出建议以及促进支付系统的顺利运行、管理统一的网络结算平台。

（三）欧洲中央银行的决策机构

欧洲中央银行于 1998 年 6 月 1 日正式成立，具体职能有管理基准利率、发行货币、保管使用外汇储备和制定单一货币政策，目标是确保价格的稳定；其职责和结构以德国联邦银行为蓝本，是一个泛欧层面的超国家机构，核心决策层是欧洲中央银行行长理事会（Governing Council）和执行董事会（Executive Board）。行长理事会决定货币政策，执行董事会负责执行和日常管理。欧洲中央银行第三个决策机构是全体理事会（General Council），只要还有欧盟成员国未加入欧元区，这个机构就会一直存在。

欧洲中央银行行长理事会和执行董事会是欧洲中央银行的两个主要决策机构。行长理事会负责制定欧元区的货币政策和实施货币政策的指导方针，其主要职责是制定欧元区统一的货币政策，包括货币政策的目标和中介目标、基准利率、中央银行体系准备金数量和监督各成员国中央银行等。行长理事会由执行董事会全体成员和欧元区成员国中央银行行长组成，每个成员拥有一份表决权（除开欧洲中央银行的财政事务，比如，欧洲中央银行注资，外汇储备的汇付、货币收入的分配，财政事务的投票权由各成员国在欧洲中央银行中的出资份额决定），采用简单多数表决法决定要实施的货币政策，欧洲中央银行行长担任行长理事会主席，并且在表决中出现赞成票和反对票相等时拥有作出最后裁决的权力。这种体制体现了权力分散化，带来了一定的问题。为了解决未来新成员国加入带来的权力更加分散，欧洲中央银行在 2003 年引入轮换制对行长理事会实行的"一国一票制"进行修正，执行董事会的成员保留永久投票权，轮换制只适用于各国中央银行行长，各国中央银行行长不能总是拥有投票权，但是

① http://www.ecb.europa.eu/pub/pdf/other/escb_web_2011en.pdf?81ac9e6aad3bbdcfe4fe04af795fa290.

他们有权参加行长理事会的每次会议。当欧元区成员国数目超过18个时，轮换制将自动生效。①实行轮换制的目的是减少决策的交易成本和使作出的决策更加符合欧元区总体的经济形势（具体的轮换制改革请见专题二）。行长理事会一年至少要开十次会议，会议日期在执行董事会的建议下由行长理事会决定。如果没有三个及以上的成员国央行行长反对，可以召开电话会议。当前，行长理事会通常一个月开两次会，通常在每个月的第一个和第三个周五。货币政策议题通常只在每个月的第一次会议上讨论。欧洲经济与财政部长理事会主席和一名欧洲委员会的成员可以参加会议，但没有投票权。

执行董事会由欧洲中央银行行长、副行长和其他四位成员组成，其成员由欧盟理事会任命，任期8年。执行董事会主要职责有：为行长理事会会议作准备；根据行长理事会确定的指导原则和决议执行货币政策，同时给予成员国中央银行指令；管理欧洲中央银行日常事务；行使行长理事会赋予的一定权力，比如制定规章的权力。执行董事会成员通常在每周二举行会议。

执行董事会的其他成员、欧洲理事会主席和欧委会的一名成员可以参加全体理事会会议，但没有投票权。欧洲中央银行行长觉得必要时或者三名及以上的成员提议，召开全体理事会。全体理事会通常每三个月在法兰克福召开会议。

由于不是所有的欧盟成员国都在1999年1月1日参加欧元区，欧洲中央银行不能完全履行欧洲货币局交接的所有责任。欧洲中央银行还设立了由欧洲中央银行行长理事会和尚未参加欧元区的中央银行行长组成的第三个决策机构即全体理事会。全体理事会不负责欧元区货币政策，它承接了欧洲货币局未转移给欧洲中央银行的部分职责。这意味着它的主要职责是报告欧盟内非欧元区国家的趋同进展，并为这些国家加入欧元区提供必要的建议。全体理事会在欧洲中央银行体系的建议功能上作出了贡献，同时还帮助收集数据信息。全体理事会只是一个补充性的决策机构，到欧盟所有成员国加入经货联盟时将被解散。

---

① http://www.ecb.europa.eu/ecb/orga/decisions/govc/html/faqvotingrights.en.html.

这三大机构由欧洲中央银行体系委员会（ESCB Committee）的专家提供决策服务支持。欧洲中央银行体系委员会的成员不仅限于欧洲中央银行体系内部，还邀请了金融监管等相关部门的专家参与。

专题二　针对欧元区成员国增多的欧洲中央银行决策权的改革争论①

随着加入欧元区的成员国增多，欧洲中央银行的决策权变得日益分散，效率可能会受到影响。尽管 2004 年入盟的成员国不会一下子就进入欧元区，但是需要早作准备，尽早制定出欧洲中央银行的改革措施，以避免在今后的机制运行中出现其他的不确定因素。为了应对这一难题，欧洲中央银行开始进行决策权改革。

芬兰和荷兰两国保留意见的取消使得欧盟领导层终于在 2003 年通过了一项欧洲中央银行的改革方案，即在作出变动欧元汇率的决定时，各国中央银行主席参与意见的人数限定为 15 位（最后被调整为 18 位）。欧盟委员会希望通过此方案以避免当欧盟扩大至 25 乃至 30 个成员国时，在汇率决定问题上出现相持不下的局面。新体制中的参与国将按国内生产总值的大小和银行网络的重要性分为享有不同投票权的组别。德国、法国、意大利、西班牙以及以后可能的英国等经济强国，其行长入选的概率就比其他小国要大得多。而金融网络极为发达的卢森堡也有得天独厚的优势。这一方案从产生就受到不断的批评，因为该方案拥有缺陷，正如欧洲央行行长杜伊森贝赫所指出的那样，从数学的角度，小国也有可能联合起来使大国孤立。因此，各国在协议中着重强调，此项可变动的体制将不被当作共同体其他机构未来之组成或表决机制的先例。

欧洲中央银行行长理事会进行改革的必要性

欧洲中央银行"一人一票"的决策机制需要进行改革，其必要性主要有两点：一是随着更多的成员国加入，欧洲中央银行的决策效率会降低。

---

① 本节参考了 Katrin Ullrich，"Decision - making of the ECB：Reform and Voting Power"，discussion paper no. 04 - 70，centre for European economic research。

先从表面上看，在行长理事会决策时，数目日渐增多的代表的发言会明显地增加会议时间，这样会明显降低效率。[①] 更加重要的是要使很多个代表就一项具体的决策达成一致，本身就是一件非常困难的事情。二是，随着成员国的增加，"一人一票"的决策机制会增加成员国的权重，导致执行董事会和大国的投票权重变小，从而可能作出背离整个区内经济发展的决策。现在欧盟国家的经济实力差异很大，比如德国是很多小国 GDP 的几倍，但一人一票机制使德国和这些小国拥有同样的投票权。在投票时，每个国家在欧洲中央银行的代表一般都会为本国经济的发展考虑，如果让小国和大国拥有相同的投票权，这显然对大国是不公平的，而且最后作出的决策很有可能有利于小国经济而不利于大国经济，这样的决策是不具有效率的。随着成员国人数增多，"一人一票"机制还会导致执行董事会的决策权相对下降。一般认为，执行董事会是代表欧洲中央银行层面的，其作出的决策是基于整个欧盟经济发展。执行董事会投票权重的相对下降，将不利于作出促进整个欧盟层面经济发展的决策，导致区内融合速度的降低和区内成员国的分离。

四种备选改革方案

为了解决上述两大难题，欧盟曾经提出了四种方案。

第一种方案是将决策权集中化，成立一个由挑选的货币专家组成的代表团。和原来的各国中央银行行长相比，这些专家在决策时更少地为其母国利益考虑。这将解决上述两个问题：决策的人数会被固定，而且这些代表将更多地从欧洲层面制定政策，从而使作出的决策更加有效。在这种方案下，"一人一票"的机制仍然可以保留。这种方案仍然有弊端，即在选择组成代表团的专家时会有国家之争。每个国家都想选择自己中意的人，以便为本国利益代言。而且，各成员国也会向代表团提供各种各样的信息，代表团并不一定能完全排除这种影响。

第二种方案是根据一些原则确定投票的权重。确定权重的投票能够消除各成员国经济地位和投票权不相称的情况。有的学者根据民主原则提出

---

① Hefeker. C, "Monetary Policy in a Union of 27: Enlargement and Reform Options", *Intereconomics*, vol. l37 (6), 2002, pp. 315–320.

了按照各成员国人数确定投票权重的方案。

　　第三种方案是实行代表分组制。把成员国分为几组，给予每个组一定数目的投票权或者让每个组轮流作主由该组的每个成员投票。第一种形式会形成一种特殊的组内中央银行联合的区域投票。第二种分配方式保留了"一人一票"的机制，只是实行各组轮流作主。这种方式首先确定分组和固定每个组的成员国数目。

　　第四种方案是实行分组下的轮流投票制。在这种制度下，各成员国代表丧失了永久的投票权。这种制度需要正式定义轮换投票的时间和各组的成员数目。轮换可以采取对称或者非对称的形式。在非对称形式下，需要确定一定的标准来规定各组的投票数目。这些标准可以是各成员国的GDP份额、经济周期的同步性、金融网络的发达程度或者人口份额。如果按照一国的经济实力来确定轮换，就可以解决决策的效率和各成员国投票权和经济实力不相匹配的问题。不过这种分组的一个缺点是：相同经济实力的国家归为一组并不意味着每个国家的情况完全一样而需要同样的政策决定。

　　总之，上述的四种方案各有利弊，除去自身的实行困难外，还受到政治可行性和合法性的约束。轮换制和专家代表团制都降低了欧洲中央银行的信誉和责任。在第一种制度下，每个成员国都受到代表团所作出的决策的影响，但成员国的代表都被排除在决策之外，这会降低欧洲中央银行决策合法性。第三种和第四种制度还产生了具有投票权的国家和暂时不具有投票权国家的矛盾的问题。而且这几种制度的成立还需要一些基础，那就是决策高度的透明和每个代表是基于欧盟利益来决策。

非对称的轮换制——欧洲中央银行决策改革方案的选择

　　最后被欧洲中央银行认可的改革方案是非对称的分组轮换制。其具体方案在2003年3月21日被欧盟领导层认可，内容为：一人一票制的原则被保留，但参与投票的成员国央行代表的数目被限定为现在的15个。这将通过实行轮换制来实现。各成员国间的分组数目取决于成员国的多少，可以分为2组，也可以分为3组。成员国从属于哪一组依各国国内生产总值的大小和银行网络的发达程度划分，这两个指标相近的国家从属于一组，不同的组别给予不同数目的投票权（如表2-2所示）。在这种制度下，原来的决策体系并没有改变。行长理事会里的执行董事会仍然保有6票，占简单多数。欧洲中央银行行长在双方票数相持不下时，拥有决定性的一票。作出一项决策对参会成员的最低人数要求是2/3的行长理事会成员出席。

表2-2 不同组别的国家数目及投票权表

成员国的总数（n）	18 < n < 22		n >= 22		
组　别	I	II	I	II	III
组内成员国数目	5	n-5	5	n/2	n-n/2-5
组内投票权的数目	4	11	4	8	3

资料来源：Katrin Ullrich，"Decision - making of the ECB：Reform and Voting Power"，discussion paper no. 04 - 70，centre for European economic research，pp. 8 - 10.

改革决策体系后，一个成员国拥有的相对投票权份额并不和其国家的经济实力相匹配。现在的改革是依据各国的经济实力划分组别，经济实力的衡量标准是一国的国内生产总值占5/6、金融体系的发达程度占1/6。较大的国家拥有的投票权低于它实际的经济地位，而较小的国家获得了超过其经济地位的过多的投票权。现在的改革方案对解决较小国家拥有较多投票权的问题较为有效。随着更多国家加入欧元区，较小国家拥有较多投票权的问题在逐渐得到解决。但对四个主要的国家（德国、法国、意大利和西班牙）来说，其不匹配程度是反复的。经过测算，在成员国数目从12增加到15个时，不匹配程度会降低；但从15增加到22个时，其不匹配程度会上升，甚至超越现在的不匹配程度；从22个增加到25个时，不匹配程度又会下降，而且仍然高于15个成员国时的不匹配程度。如果以人口作为划分组别的标准，成员国数目为25个时不匹配程度就要低于15个时。产生差异的原因是新加入的10个中东欧国家的经济实力要大于其人口比重，用经济实力作为划分组别的标准对这些国家更加有利。[1]

---

[1] Katrin Ullrich："Decision - making of the ECB：Reform and Voting Power"，discussion paper no. 04 - 70，centre for European economic research，pp. 8 - 10.

用这种标准来确定成员国的投票权值是有弊端的，因为用 GDP 和金融资产并不能完全衡量欧元区较大的国家的地位，人口也可以作为一个衡量标准。从泰勒法则来看，利率的决定不仅仅由 GDP 和金融体系决定，经济的长远发展也要决定利率，比如通货膨胀、产出缺口都对利率产生作用。而且由于欧元区是多个国家组成的，每个成员国与欧元区经济平均水平的差异和区内成员国经济的同步性也会对利率决定产生影响。

各成员国的经济增长和通货膨胀可以作为修改和完善欧洲中央银行决策体系分组的标准，与国内生产总值和金融体系一同运用。通货膨胀指标可以运用的原因是中央银行决定利率时必须要结合区内的通货膨胀率进行考虑。经济增长指标可以运用的原因是：第一，经济增长和产出缺口将影响区内未来的通货膨胀压力；第二，如果各组内国家的经济周期较为一致，可以假设该组内一个国家作出的货币政策决策是可以符合组内所有国家的经济发展需求的。但如果该组内国家的经济周期不一致，那么一个成员国做出的货币政策决策对其他国家造成不良效应。

在现在改革方案下，通常把新加入的中东欧国家归为一组，认为它们都是经济高增长和高通货膨胀并存的国家。实际情况并非如此，部分中东欧国家确实经济高增长和低通胀，比如立陶宛、拉脱维亚和爱沙尼亚。斯洛文尼亚却是一个拥有 9% 的高通胀率和 4% 的经济增长率的例外国家。现在的欧元区 12 国和欧盟 15 国通常被认为是低通胀和低增长的国家组合，但德国、葡萄牙和荷兰有异于此，甚至出现了负增长。

具有高增长的国家通常都认为是具有巴拉萨 – 萨缪尔森效应（各国间劳动生产率的差异会导致通货膨胀率不同），处于经济增长的上升期。这个上升期也许是由较松的货币政策造成。欧元区的老成员国由于执行较紧的货币政策而具有较低的通货膨胀。老成员国由于其自身经济存在问题，即使执行扩张的货币政策也不一定会使经济增长。欧洲中央银行的货币政策最终目标是确保欧元区内价格水平的稳定，其政策出发的依据是整个欧元区内的经济水平。从这个角度出发，按照与欧元区的平均水平差异来划分是有一定依据的。

如果运用与欧元区平均经济水平的差异程度（总差异标准是通货膨胀率的差异和经济增长率差异的加权）作为分组的唯一指标，而不考虑国家的大小等其他差别，那么当前的分组情况将出现一些变化。这会使原来的老成员国拥有更多的投票权，因为老成员国的经济水平和欧元区平均水平较为接近。部分第三组的国家会从第三组国家进入第一组国家，获得更大的投票权，比如马耳他。但原来的一些老成员国则会从第一组掉到最后一组，比如希腊。而且德国也会因为这个划分而处境尴尬。[①]

运用这种唯一标准是不可行的，这样的标准并没有考虑欧元区实际的经济组成份额，并不具有代表性，比如马耳他可以进入第一组，而德国却有可能被逐出第一组。而且这种标准还面临失效的可能，随着经济一体化程度的加深，各国的差异程度会缩小，那么这种标准也失去了效用。因此，这种标准必须结合其他划分标准综合运用。

成员国与欧元区经济发展的同步性也可以作为划分组别的标准。Katrin Ullrich（2004）通过一定的标准就现在的组别数目对除马耳他以外的成员国进行了重新划分。确定各成员国和整个欧元区平均经济增长差异的标准是，基于欧元区消费者物价调和指数（HICP）的通货膨胀的差异和工业产品生产的差异的综合。对欧元区平均水平的确定采用了未经过加权的平均和经过加权的平均（加权依据各成员国的综合经济实力）。这位学者得出的结论是如果用未经加权的欧元区平均水平与成员国的发展相比较，新入盟的中东欧国家的协调度都很高。而用经过加权的欧元区平均水平与成员国相比较，新入盟的中东欧国家差异就比较明显了。采用经过加权的平均水平比较科学，因为现在的欧洲中央银行货币政策决策体系内各国投票权值的确定就是要经过加权衡量的。通过各成员国与欧元区经过加权的平均水平相比较，按照目前改革方案中的分组数和各成员国数，可以把成员国重新划分（如表2-3）。

---

① Katrin Ullrich, "Decision - making of the ECB: Reform and Voting Power", discussion paper no. 04 - 70, centre for European economic research, pp. 9 - 12.

表 2 - 3　按照经济发展的同步性标准的分组

	21 个成员国（不含马耳他）	24 个成员国（不含马耳他）
第一组	奥地利、比利时、芬兰、法国、德国	奥地利、比利时、芬兰、法国、德国
第二组	塞浦路斯、捷克、爱沙尼亚、希腊、爱尔兰、意大利、卢森堡、荷兰、葡萄牙、斯洛文尼亚、西班牙	塞浦路斯、捷克、丹麦、爱沙尼亚、希腊、爱尔兰、意大利、卢森堡、荷兰、葡萄牙、斯洛文尼亚、西班牙、瑞典
第三组	匈牙利、拉脱维亚、立陶宛、波兰、斯洛伐克	匈牙利、拉脱维亚、立陶宛、波兰、斯洛伐克、英国

资料来源：Katrin Ullrich："Decision - making of the ECB：Reform and Voting Power"，discussion paper no. 04 - 70，centre for European economic research，pp. 8 - 10.

　　用这个标准划分，并不只是较大的国家（法国、德国）才在第一组别占有一席之地。按照与欧元区经济平均水平的差异程度划分，相同组内的单个国家拥有较为相同的货币政策取向。这样划分仍然没有解决投票权与其标准不相匹配的问题，在第一组国家和第二组国家中有的国家拥有相对较少的投票权重，有的拥有较多，第三组国家都拥有较多的投票权，不匹配程度甚至要超过以 GDP 和金融体系作为标准。这种情况和以 GDP 和金融体系作为标准的情况类似。这种划分有一个好处，有利于形成一种良好的导向，各成员国的央行代表都以欧元区的整体发展作为决策标准，形成了一种共识，那么这种不匹配也就可有可无。这种划分也存在缺陷，欧元区形成的时间较短，在这么短的时间里得出的经济周期有可能是不可靠的，从而使此标准的可信度下降。[①]

　　通过上面的分析可以看出，采用不同的标准会得出不同的结果。上面提到的标准都有其合理性也有弊端，是划分成员国标准的重要参考。因此，在实行轮换制时，还应不断地对标准进行修订，以制定出契合各国实际的标准，使各成员国能够拥有相匹配的投票权。许多学者和专家对此项改革方案提出了其他的批评：有的认为欧洲议会讨论此项方案时缺乏公开性，透明度不高。最主要的批评集中于改革方案中缺少对这项改革的相应评估，比如用提高决策的效率、"一人一票"制和透明度等标准对该方案进行分析。还有人认为该方案并不完善，方案中只是简单指出：第一组国家投票

---

　　① Katrin Ullrich，"Decision - making of the ECB：Reform and Voting Power"，discussion paper no. 04 - 70，centre for European economic research，pp. 12 - 15.

的轮换频率应该不低于第二组国家投票的轮换频率；在同一组别内，各国应该拥有相同的轮换投票时间，没有明确规定在各组内轮换的规则和频率。这种不完善的方案会在将来引发许多操作问题。欧洲中央银行进行改革时应该对这些因素综合考虑。

（四）欧洲中央银行与欧盟其他机构的协调

欧洲中央银行与欧盟其他机构之间的协调在《马约》中有明确的规定。欧洲中央银行履行其职能时，主要与欧洲议会、欧盟委员会、欧盟理事会发生关系。

欧洲中央银行与欧洲议会的协调。欧洲议会是欧洲联盟中唯一由欧洲公民直接选举产生的机构，在控制欧洲中央银行执行货币政策的责任义务方面发挥关键作用，因此欧洲中央银行与欧洲议会的关系有着特殊重要的地位。首先，在欧洲中央银行的人事任免上，在讨论任命欧洲中央银行行长、副行长和执行委员会成员时，欧洲中央银行必须向欧洲议会咨询并且举行听证会。其次，欧洲中央银行要向欧洲议会解释其政策决策，但是其独立地位意味着欧洲议会不能就政策决策向欧洲中央银行施加任何政治性的压力。最后，欧洲中央银行必须每季度向欧洲议会的经济与货币事务委员会提交关于货币政策的报告，并在报告后与该委员会进行公开讨论。由于欧洲中央银行事实上的独立和欧洲议会的监督弱化，欧洲中央银行的责任性不强。

欧洲中央银行与欧盟委员会的协调。欧盟委员会在管理共同体事务方面起着关键的作用，主要通过以下渠道与欧洲中央银行发生关系：一是，欧盟负责经济和货币事务的委员可以参加欧洲中央银行行长理事会会议，欧洲中央银行和经济与财政部长理事会的对话会议等；二是，通过经济和财政委员会、经济政策委员会的工作会议，欧洲中央银行与欧盟委员会保持着紧密的联系；三是，在有关经货联盟的一些特殊问题如制定经济政策指导方针、监管成员国的财政状况等方面，欧盟委员会也发挥着重要的作用；四是，在统计信息的收集、金融市场一体化、银行监管和金融稳定等领域，欧洲中央银行还与欧盟委员会的相应工作小组进行密切的合作。

欧洲中央银行与欧盟理事会的协调。欧洲中央银行与欧盟理事会的协调主要是通过欧洲中央银行与部长理事会下属的经济与财政部长理事会的合作来实现的。经济与财政部长理事会负责欧洲联盟的经济、货币和金融事务。1997 年 12 月的卢森堡欧盟理事会明确宣布经济与财政部长理事会作为成员国经济政策的协调中心，有权在相关领域内采取行动。根据《马约》，经济与财政部长理事会的主席可以参加欧洲中央银行行长理事会会议，并且可以提出动议以供讨论，但在作出决策时，经济与财政部长理事会主席没有表决权。同时，欧洲中央银行行长可以应邀参加经济与财政部长理事会会议，就与欧洲中央银行体系有关的事务进行讨论。

欧洲中央银行通过与经济和财政委员会的协调加强了同经济与财政部长理事会的合作。经济和财政委员会由各成员国、欧盟委员会和欧洲中央银行各两名成员组成，每个成员国的两名成员由政府和中央银行各委派一名高级官员。《马约》规定经济和财政委员会为经济与财政部长理事会就一系列经济和财政事务作准备分析和建议。1997 年 12 月卢森堡欧盟理事会确定经济和财政委员会的任务是：为理事会、委员会、欧洲中央银行以及国家中央银行之间的对话提供讨论框架。通过参加经济和财政委员会的活动，欧洲中央银行可以参加有关年度经济政策指导方针、在成员国稳定与趋同项目的基础上监管成员国财政政策、欧盟有关国际经济问题的态度等方面的讨论。欧洲中央银行可以全面参与经济和财政委员会的讨论，但不参加任何表决程序。同样，经济和财政委员会也避免讨论统一货币政策制定方面的问题。[1]

相比欧洲中央银行，同为欧元区体系一部分的成员国中央银行处于附属地位，在欧洲中央银行的指导或指令下共同完成欧元区体系的任务。成员国中央银行参与执行欧元区单一货币政策，承担货币政策操作，比如向信贷机构提供中央银行资金，进行国内和跨境非现金支付结算。另外，成员国中央银行很大程度上承担本国统计数据的收集和印制、处理欧元货币。根据本国法律，成员国中央银行能够被赋予其他与货币政策不关联的职责，比如，一些成员国中央银行参与金融监管或者作为政府的主要往来银行。

---

[1]　吴志成：《治理创新——欧洲治理的历史、理论与实践》，天津人民出版社，2003，第 247 ~ 249 页。

二 欧元区的单一货币政策

一般而言，货币政策的目标有多个，比如促进经济增长、充分就业、价格稳定和国际收支均衡。各国中央银行根据本国的事件情况对这几个目标进行协调，确定一个最终目标。欧洲中央银行是以德国德意志联邦银行为蓝本建立的，因此其采取了以价格稳定为主要目标的货币政策。

《马约》第 105 条明确规定：欧洲中央银行体系的主要目标是保持价格稳定；在不有损于物价稳定的条件下，欧洲中央银行应支持共同体的经济政策。另外，《马约》还规定，欧盟旨在促进经济和社会进步、高就业水平以及取得平衡和可持续的发展。欧元区体系主要是通过确保价格稳定来为此作贡献。如果这些目标和价格稳定发生冲突，欧洲中央银行必须确保价格稳定。在实际操作过程中，尤其是危机时期，一部分经济学家认为欧洲中央银行过分重视价格稳定而忽视了其他方面。

(一) 欧洲中央银行货币政策策略

欧洲中央银行主要通过影响货币市场条件、短期利率水平来实现价格稳定。欧洲中央银行采取了一种持续、系统的货币政策决策策略。持续策略有助于稳定通胀预期和加强欧洲中央银行的信誉。欧洲中央银行货币政策策略的一个主要因素是量化价格稳定的定义，即消费者物价调和指数（Harmonised Index of Consumer Prices，HICP）逐年增长率不超过 2%。[①] 具体而言，欧洲中央银行在中期角度希望欧元区通货膨胀率在低于和接近 2% 的水平。

在定义了货币政策的目标后，欧洲中央银行采取"双支柱法"来实现货币政策策略。第一根支柱是货币。由于通货膨胀最终来看是一种货币现象，欧洲中央银行对货币增长在数量上作出一定的指导。欧洲中央银行选择以 M3 作为货币供应量的定义，强调货币供应量增长每年不应超过 4.5%。欧洲中央银行选择以 M3 作为货币供应量的定义的理由是：

---

① 《欧洲中央银行月报》，1999 年 1 月，第 46 页。

M3 包括了货币、短期存款、回购协议、货币市场票据和在 2 年以内的债权证券，广义货币总量比狭义货币总量具有更高的稳定性和更好的主导指数性质。强调货币供应量增长每年不超过 4.5% 的理由是：欧洲中央银行确定物价稳定的目标——通货膨胀率不能超过 2%，对真实国内生产总值的增长率作出了保持在大约 2% 的估计。而每年货币流通速度的下降率为 0.5% ~ 1%。这几个数字确定以后，欧洲中央银行作出了货币供应量增长的第一个指导值 4.5%。这个增长率是根据 M3 每月的逐年增长率和货币流通速度的变化趋势作出的推导值，表示货币政策应以反周期的方式进行。欧洲中央银行货币政策战略的基本目标和第一个支柱就反映了货币主义的观点。另一个支柱是密切关注反映价格发展前景和价格稳定风险的经济指标的变化，这些经济指标包括工资、汇率、债券价格、收益曲线、财政政策意图、价格与成本指数，以及商业和消费调查。比如，如果欧元区工资大幅度上涨，欧洲中央银行认为这也许会危及未来的物价稳定进而会采取提高利率等措施。第二个支柱属于凯恩斯主义流派，强调价格水平由真实经济因素（如工资）决定。从欧洲中央银行的角度看，历史上的两个经济学派在货币政策方面是相容的。这种战略使欧洲中央银行有较大的余地实施货币政策，以及解释货币政策目标与真实结果之间的差距。①

　　另外，欧洲中央银行的货币政策是向前看的，考虑了未来因素，因为货币政策效应的传导有一个时滞效应。

　　除了对价格稳定进行定义外，欧洲中央银行货币政策策略还包括由一系列经济和货币分析构成的价格稳定风险的综合评估。货币政策的每项决议都要全面考虑来自经济、货币两种分析中的信息。

　　货币政策的传导机制开始于中央银行流动性管理和短期利率确定。作为金融市场的一部分，货币市场在传导机制中起着非常重要的作用，因为它最早受到货币政策调整的影响。一个深化和一体化的货币市场对货币政策的有效性非常重要，它意味着单一货币区内中央银行流动性能否均衡分配和短期利率的影响是否同质。

---

　　①　丁欣：《欧洲货币政策研究》，《国际金融研究》2002 年第 3 期。

（二）欧洲中央银行货币政策工具

欧洲中央银行主要采用三种货币政策工具：公开市场业务（open market operations）、备用便利（standing facilities）和最低准备金（reserve requirements）。

1. 公开市场业务

欧洲中央银行体系内的公开市场业务将在指导利率、管理货币市场、向市场发出政策信号等方面发挥主要作用。欧洲中央银行将主要通过回购、出售资产、信贷业务等反向交易进行公开市场业务操作。

公开市场业务有四种方式。一是短期再融资业务，即每周一次的有规律的流动性供给交易，期限也为一周。再融资利率也是欧洲中央银行调控经济的最主要的杠杆利率。二是长期再融资业务，即每月一次的流动性供给交易，期限为三个月。三是微调操作，由成员国中央银行在特定情况下进行，旨在消除未预计到的流动性不平衡效应。四是结构操作，即欧元区体系的储备交易、直接交易（比如，欧债危机期间推出的直接货币交易，Outright Monetary Transactions）和发债。

2. 备用便利

欧洲中央银行通过管理流动资金的备用便利提供和吸纳流动性，规定隔夜拆借利率，并通过改变隔夜拆借利率向市场传递政策信号，主要有两种备用便利：一是边际借贷便利（隔夜贷款利率），允许信贷机构用符合条件的资产作担保，从国家中央银行获得隔夜贷款；二是储蓄便利（隔夜存款利率），让信贷机构可以将隔夜存款存到中央银行。

3. 准备金制度

欧元区内的银行和信贷机构必须根据欧洲中央银行体系规定的标准和条件，在所在国中央银行的账户上保持最低限度的准备金，大约相当于平均一个月的储备水平。最低准备金的目的是稳定货币市场利率和创造银行体系内的结构流动性赤字。

（三）泛欧自动实时结算支付系统（Trans - European Automated Real - time Gross settlement Express Transfer）

欧元区引入单一货币后，要求在区内建立统一的支付清算系统，连接

原来各成员国分散的支付清算系统。第一代泛欧自动实时结算支付系统在
1999 年 1 月 1 日正式全面运营，目前已经被第二代结算支付系统取代。和
第一代一样，第二代也是用于中央银行之间业务操作结算、欧元大额银行
间交易和其他欧元支付。它提供了实时转账、中央银行结算和马上到账。
第二代和第一代的区别是，第一代所有的支付都是由国家中央银行执行，
新系统使用了一个没有中央银行干预的单一共享平台。这个平台的服务比
原来更强、更和谐，有规模效应、更低的费用和更好的成本有效性。第二
代支付系统没有交易的上限或下限额度。

　　所有大额支付均使用泛欧自动实时结算支付系统，尤其是银行间交易，
市场主体从平台交易中得到了增值服务。泛欧自动实时结算支付系统对减
少系统性风险作出了实质性贡献，比如，降低了银行间相互高依赖性产生
的传染风险。

　　这方面取得的另一个重要进展是 2008 年开始的单一欧元支付区（the
Single Euro Payments Area，SEPA）。区内所有的非现金欧元支付都被作为国
内支付，使国内支付和跨境交易整合为一体。泛欧自动实时结算支付系统
和单一欧元支付区将转变欧元区支付结算市场，使它更具活力和性价比。①

　　欧元区货币政策存在统一制定与分散执行之间的矛盾。欧洲中央银行
在欧元区货币政策制定中居于核心地位。执行董事会和行长理事会是欧洲
中央银行主要的管理机构。执行董事会是欧洲中央银行的日常管理机构，
由正、副主席（亦即欧洲中央银行的正、副行长）和四名董事共六人组成。
行长理事会是欧洲中央银行的最高决策机构，由执行董事会的六人和各成
员国中央银行行长组成。从这个构架上来看，欧洲中央银行坚持"权力分
散"原则。这项原则规定，在认为可能和适度的程度上，欧洲中央银行应
该借助于各成员国的中央银行进行政策操作。② 正是这种独特的二元制模式
导致了欧元区货币政策的统一制定与分散执行之间的矛盾，也就是各成员
国可以通过影响本国的中央银行来干扰统一货币政策的执行。欧元区各成

---

① http：//www. ecb. europa. eu/pub/pdf/other/escb_ web_ 2011en. pdf？ 81ac9e6aad3bbdcfe4fe04
af795fa290.

② 〔荷〕塞尔维斯特尔·C. W. 艾芬格、雅各布·德·汉：《欧洲货币与财政政策》，向宇译，
中国人民大学出版社，2003。

员国对本国中央银行干预的原因是：虽然欧盟一体化已达到了相当高的程度，但各成员国依然拥有国家主权。只要国家主权存在，欧盟整体利益与各国民族利益就会产生冲突，欧洲中央银行统一货币政策与各成员国的经济状况有可能冲突。从历史上看，独立的中央银行与欧洲的传统不相吻合（德国中央银行是一个例外），在很长一段时间内，绝大多数欧洲国家的中央银行都直接向财政部负责。虽然成员国政府已被要求进行相应的改革，但到目前为止的实践表明，在这方面所取得的成果还远不能令人满意。欧洲中央银行没有完全排除各国中央银行在二级市场对政府债券进行操作的行为，而这可能和直接向政府提供信贷的结果一样。虽然《稳定与增长公约》对各成员国政府的财政赤字进行了明确的规定，以确保各成员国政府保持足够的清偿能力而不至于让欧洲中央银行来帮助它们摆脱困境，但《稳定与增长公约》只规定了财政赤字的处罚措施并没有规定负债比率过高对政府的处罚措施。欧元区各成员国的中央银行现在仍由各成员国政府管辖，就有可能导致各成员国中央银行在二级市场上对政府债券进行操作，违背欧洲中央银行制定的统一货币政策。[①]

三　欧洲中央银行体系与汇率机制 Ⅱ

在创建欧元区时期，原有欧盟 15 国的大部分国家都加入了欧元区，但仍有几个国家未加入，其中不乏有欧盟大国，比如英国。为了使欧盟内部未加入欧元区国家的货币与欧元区成员国使用的单一货币建立联系，欧盟理事会在 1996 年 6 月提出设计新的以自愿原则为基础的欧洲汇率机制，该汇率机制以欧元为中心。1997 年欧盟 15 国首脑在阿姆斯特丹举行高峰会议，通过了《欧盟理事会关于在经货联盟第三阶段建立汇率机制的决议》，从 1999 年 1 月 1 日开始实行新的汇率机制，即欧洲汇率机制 Ⅱ（ERM Ⅱ）。汇率机制 Ⅱ 的基本目标有三个：首先，排除区外国货币对区内国货币的竞争性贬值的影响，保证单一市场的运转及欧元的稳定；其次，在区内国和区外国之间取得更大的趋同，特别是在长期利率和财政赤

---

① 〔荷〕塞尔维斯特尔·C. W. 艾芬格、雅各布·德·汉：《欧洲货币与财政政策》，向宇译，中国人民大学出版社，2003。

字方面；最后，一旦区外国遵守四个趋同标准，将确保其自由加入单一货币区。[①]

欧洲汇率机制Ⅱ的主要内容包括：第一，以欧元为中心，非欧元区成员国货币与欧元之间实行可调整的钉住汇率制。新的汇率机制以欧元为汇率机制的中心和记账单位，与尚未加入欧元区的欧盟成员国建立双向汇率机制，取消现存的多边平准汇率机制。以欧元为轮毂，区外国货币为轮辐，在非欧元区成员国货币与欧元之间确定一个中心汇率，其波动幅度为±15%的标准。经协商后，波动幅度可进一步缩小。在此幅度内，非欧元区成员国央行有权根据本国经济趋同变化的程度、速度，与欧洲中央银行（ECB）协商确定或重新调整中心汇率。第二，欧盟非欧元区成员国自愿加入，但是希望有货币贬值风险的成员国加入。第三，如果机制内非欧元成员国货币与欧元波动幅度超过±15%，自动干预机制将马上启动。对外汇市场的干预行为的资金支持是没有上限的，但只能短期应用。如果这种干预有损中央银行价格稳定的目标，那么欧洲中央银行和非欧元区成员国中央银行可以取消自动干预。[②] 第四，区外国中央银行和欧洲中央银行在对外汇市场进行联合干预时要充分沟通。

从欧洲汇率机制Ⅱ的主要内容可以看出其设计上的几个特点：第一，该汇率机制是一个以欧元为中心，实行固定的可调整的汇率安排。加入该机制的非欧元国家以欧元为中心，建立双边中心汇率，其波动幅度为中心汇率的±15%，即"轮毂－轮辐"系统（hub－and－spokes）运行，欧元是"轮毂"，非欧元区的国家货币是"轮辐"。这与原来的欧洲货币体系有所不同，原有的欧洲货币体系以埃居为基准货币，而且每个成员国货币之间都建立中心汇率。汇率机制Ⅱ中规定波动幅度为±15%，在该幅度内对汇率的干预原则上是自由的和不受干预的，但是不能妨碍欧元区内统一货币政策的实施。第二，加入欧洲汇率机制Ⅱ是自由的和开放性的，符合条件的欧盟成员国可以选择参加或者退出汇率机制，而且该汇率机制有一个明确的最终归宿——欧洲经货联盟。汇率机制Ⅱ是一个开放性的汇率安排，在成

---

① 〔荷〕塞尔维斯特尔·C.W. 艾芬格、雅各布·德·汉：《欧洲货币与财政政策》，向宇译，中国人民大学出版社，2003。

② http：//www. ecb. europa. eu/home/glossary/html/glosse. en. html#202.

员国加入与退出上相对宽松。与普通的汇率机制安排不同的是该汇率机制允许成员国在符合条件的两年后，可以自由选择加入欧洲货币联盟。第三，汇率机制Ⅱ是由欧盟内该机制非欧元区成员国、欧元区成员国和欧洲中央银行共同讨论产生的，遵循欧盟委员会的通常程序来确定，其他未参加汇率机制的成员国财政部长以及中央银行行长在该程序的制定上无表决权。如果均衡汇率发生变化，参与汇率机制Ⅱ设计的各方，都有权提出改变均衡汇率的建议。

汇率机制Ⅱ的建立成功地缩小了欧盟各国货币的波动范围，有效地稳定了汇率，对欧洲经济、货币一体化的顺利发展起到了积极的作用。

在看到汇率机制Ⅱ的积极作用时，也要看到它的局限性，其局限主要表现在以下两个方面：一方面，汇率机制Ⅱ的非对称性设计使该机制中的非欧元区国家承担更大的汇率调整成本。加入汇率机制Ⅱ的非欧元区国家的货币政策在很大程度上受制于欧洲中央银行，欧洲中央银行主要是依据欧元区国家的经济形势制定相应的货币政策。在这种形势下，欧洲中央银行的货币政策完全有可能和非欧元区国家的经济形势不相吻合，非欧元区国家就不得不承受这种相反的货币政策。而且就干预双边汇率来说，非欧元区国家中央银行和欧洲中央银行虽然在波动幅度内可以自由干预汇率，但只要欧洲中央银行认为非欧元区国家的干预行为会影响欧元区的价格稳定，就可以停止其干预行为。考虑到欧元区的经济规模和干预的金额，欧洲中央银行也许更有能力进行干预并以较小的成本冲销干预对经济的影响，而非欧元区成员国中央银行则可能因为外汇储备不足或者经济趋同要求的约束，无法有效进行冲销，而一旦欧洲中央银行停止干预，非欧元区国家将会承担所有的调整成本。[①] 另一方面，英国作为最大的区外国一直拒绝加入汇率机制Ⅱ，对汇率机制Ⅱ起到了巨大的破坏作用。《马约》只是要求各成员国把汇率政策作为一种"有关共同利益的事情"来看待，并没有对竞争性贬值政策制定具体的处罚措施。现在欧洲经济低迷，如果英镑对欧元的汇率大幅波动，引发英国与欧盟各国竞争力的急剧变化，这将会产生不少问题。

---

① 胡勇、陈亚温：《欧盟东扩后欧洲汇率机制Ⅱ面临的挑战及其影响》，《欧洲研究》2004 年第 6 期。

表 2-4 ERM II 中的欧元中心汇率和干预汇率

货 币	波动幅度	1 欧元 =
丹麦克朗	汇率上限	7.62824
	中心汇率	7.46038
	汇率下限	7.29252
立陶宛立塔	汇率上限	3.97072
	中心汇率	3.45280
	汇率下限	2.93488

资料来源：欧洲中央银行，《ERM II 中的欧元中心汇率和干预汇率》，2014 年 9 月 16 日，http://www.ecb.europa.eu/ecb/tasks/forex/html/index.en.html。

四 欧洲中央银行与金融监管

在金融监管方面，欧洲中央银行体系也发挥一定作用。监管银行业和保持金融稳定的直接责任仍然保留在相关金融监管机构，但是《欧洲联盟条约》赋予了欧洲中央银行体系相关职责，即为金融监管机构对信贷机构的审慎监管和稳定金融体系的政策的顺利执行作出贡献。这个职责主要通过三种方式实现：

第一，欧洲中央银行体系监管和评估欧元区层面的金融稳定性。这项业务是成员国层面的相应业务的补充和支持，由成员国中央银行和监管机构承担。

第二，欧洲中央银行体系就监管规章的设计和检审以及金融机构的监管要求方面提供建议。许多建议在欧洲中央银行参加相应的国际和欧洲监管机构讨论时提出，比如巴塞尔委员会、欧洲银行业委员会和欧洲银行监管委员会。

第三，欧洲中央银行积极推动中央银行和监管机构在涉及共同利益的议题上合作（比如隔夜支付结算监管、金融危机管理）。

这些业务在银行业监管专家委员会（欧洲中央银行体系委员会下属专家委员会之一）帮助下进行。[1]

---

[1] http://www.ecb.europa.eu/pub/pdf/other/escb_web_2011en.pdf? 81ac9e6aad3bbdcfe4fe04af795fa290.

    欧元区货币体系最独特的特征之一就是当货币政策交付给一独立机构
的同时，对各国银行业监管的责任却牢牢地掌握在成员国的手中，这种二
元性结构设计产生了一定问题。银行监管的主要原则在《马约》签订之前
的欧共体法规——《1989 年银行业第二指令》中确立，主要有两条：第一，
母国控制原则，即银行总部所在国的各国当局负责银行监管；第二，东道
国尽职原则，即东道国有责任维护本国金融市场的稳定。① 在各国银行体系
分割程度较大的情况下，银行监管职责的这种独特分工就不会产生大的问
题。在这种情况下，母国与东道国职责有很大一部分重叠，能较好地获得
银行经营是否稳健的有关信息。随着欧洲货币联盟的启动，这种状况正在
发生改变，欧元区银行体系的一体化程度日益提高，使得母国与东道国的
责任分工更加明确，各国银行监管机构间发生冲突的可能性增加。各国监
管机构有各自的利益，比如保持本国银行正常经营之类的，不愿意向东道
国监管当局披露本国银行经营信息或者信息披露不充分。这种状况对维护
欧洲金融市场稳定是相当不利的，难以预防危机的发生。当发生危机时，
这种二元性结构设计导致的问题将更加突出。典型危机的构成要素就是有
坏账的银行破产，引发存款者对其他（稳健）银行的挤提进而威胁到这些
银行的经营，货币当局的主要责任就在于防止经营稳健（有清偿力）的银
行因流动性不足出现破产，这就要求中央银行应无限量地向经营稳健而且
流动性不足的银行提供贷款，也就是最后贷款人原则。如果欧元区发生银
行危机，欧洲中央银行面临的问题就是要把资不抵债的银行与仅仅是流动
性不足的银行区分开来，要实现这一目标就要求欧盟各国监管当局迅速、
准确地提供有关信息。如果各国监管机构不能迅速提供有关信息，将可能
导致欧洲中央银行拒绝对经营健全的银行进行贷款，从而引发更加巨大的
银行危机；如果各国监管机构提供了带有偏见的信息，欧洲中央银行很可
能被引入歧途，对已经资不抵债的银行贷款，产生大量的毫无价值的贷款，
创造过多的流动性，引发通货膨胀，使欧洲中央银行的货币政策目标——
物价稳定受到影响。② 总之，目前欧洲中央银行统一的货币政策与分散的银

---

① 〔荷〕塞尔维斯特尔·C.W. 艾芬格、雅各布·德·汉：《货币联盟经济学》，汪洋译，中
  国财政经济出版社，2004。
② 〔比〕保罗·德·格劳威：《货币联盟经济学》，汪洋译，中国财政经济出版社，2004。

行监管政策二元性结构设计，伴随着欧元区内银行体系的进一步融合，矛盾会越来越突出。

专题三 欧洲经货联盟的重要制度支柱
——《马约》与《稳定与增长公约》

欧盟货币政策协调的一项重要特征是规则式协调，规则中最重要的是《马约》和《稳定与增长公约》。这两大条约奠定了欧洲经货联盟的基础，为欧洲货币一体化的发展勾画了蓝图，因此讨论这两大条约的内容、作用和缺陷对欧洲经货联盟的发展具有重要的理论和实际意义。

《马约》为欧洲经货联盟的建立和发展制定了路线图，规定至迟于 1998 年 7 月建立欧洲中央银行与欧洲央行体系，1999 年 1 月实现单一货币。《马约》的内容不纯粹包括货币事务，本节只讨论涉及成员国货币政策及其他经济政策的协调的内容。《马约》关于加入欧洲经货联盟的原则有两个——渐进原则和趋同原则，也就是说向欧洲货币联盟的过渡是一个逐渐发展的过程，在这一过程中各成员国的货币政策和经济政策应逐渐协调一致。《马约》规定在向经货联盟过渡的过程中各成员国应达到的趋同标准主要有五条：一是通货膨胀率不高于候选国中三个最低通货膨胀国家平均水平的 1.5 个百分点；二是长期利率水平不高于三个最低通货膨胀国家平均水平的 2 个百分点；三是该国已加入汇率机制，并且在加入货币联盟前两年内没有发生货币贬值；四是该国政府预算赤字规模不高于 GDP 的 3%；五是政府债务余额不应超过 GDP 的 60%。在成立经货联盟后，欧洲中央银行主导区内货币政策，各成员国中央银行不再就货币政策作出任何决定。《马约》对欧洲中央银行的规定有：一是采用了德国模式作为欧洲中央银行的设计蓝本，赋予了欧洲中央银行较高的独立性；二是规定欧洲中央银行的首要目标是维持物价稳定，在不影响物价稳定的前提下，应支持联盟内部的总体经济发展；三是欧洲中央银行体系不能对共同体及其各机构、各国政府、地方当局提供透支和信贷便利，也不能直接购买上述机构发行的债券。虽然欧洲中央银行主导区内货币政策的制定，但这并不意味着各成员国的中央银行消失，各成员国的中央银行仍然存在，和欧洲中央银行共同组成欧洲中央银行体系，各成员国中央银行拥有银行监管的权力。《马约》关于欧洲经货联盟过渡和运行的一系列规定并没有得到经济学家的一致认可，他们提出了《马约》面临的一系列问题：首先，货币政策统一和其他经济政策分散的不对称设计存在问题，会影响经货联盟的顺利运行；其次，欧洲中央银行独立性和责任性不对称设计会引发欧洲中央银行责任心缺乏，比如《马约》规定欧洲中央银行在不影响物价稳定的前提下，应支持联盟内部的总体经济发展，但在实际操作中欧洲中央银行仅仅只顾物价稳定；最后，各成员国的中央银行仍然存在并负有银行监管的责任，各成员国的中央银行完全有可能为维护本国银行业的利益而做出有害货币联盟的事情。

货币政策与财政政策是调控宏观经济的两大主要政策工具，如果两大政策不相协调将会大大影响任何一种政策的应用效果。《马约》为保证经货联盟的正常运行对各成员国的财政政策作出了一些规定，但并不完善和具体，《稳定与增长公约》阐明了这些条款。《稳定与增长公约》对欧元区各国的财政支出作出了严格的限制（3%的赤字标准和60%的债务标准）；要求各成员国应该实现中期的财政预算平衡或盈余；欧盟委员会每年对欧元区成员国的财政状况进行评估，并要求成员每年年底向欧盟委员会递交财政稳定和趋同的目标计划，以便及时掌握成员国的财政稳定状况。违反3%赤字标准的成员国都根据其违约程度向欧洲中央银行缴纳相当于其GDP 0.2%~0.5%的"无息稳定存款"，如两年内仍不能达标，该笔资金就由"存款"转变为罚金。《稳定与增长公约》自实施以来，效果并不理想。①

第二节　欧洲经货联盟货币一体化的特征

一　规则式协调

欧洲经货联盟的最终目的是实现在低财政赤字和公债水平上的低通货膨胀的经济持续增长，要顺利实现这一目的必须依靠相应的制度规则。这

---

① 〔比〕保罗·德·格劳威：《货币联盟经济学》，汪洋译，中国财政经济出版社，2004。

些制度规则主要由一系列的条约和法规构成。纵观欧洲经济货币一体化的发展，规则都是必不可少的，而且随时代的变化不断修正和完善。这些规则不断演变和发展，不仅可以追溯到《沃纳报告》《德洛尔报告》、欧洲共同体货币委员会和欧洲共同体中央银行行长委员会的筹备（特别是欧洲中央银行章程的起草），还可以从有关经济货币联盟的政府间会议、《欧洲联盟条约》的最终协议、1995～1997 年欧洲共同体第三阶段稳定条约的谈判以及 1998 年开始向第三阶段过渡的最终决定中发现。

当前欧盟货币政策协调的规则主要由几项重要的法规和制度安排构成：①《马约》。《马约》规定了加入经货联盟的条件和欧洲中央银行的运作规则。加入经货联盟的条件主要有五条：一是通货膨胀率不高于候选国中三个最低通货膨胀国家平均水平 1.5 个百分点；二是长期利率水平不高于三个最低通货膨胀国家平均水平 2 个百分点；三是该国已加入欧洲货币体系的汇率机制两年，并且在加入货币联盟前两年内没有发生货币贬值；四是该国政府预算赤字规模不高于 GDP 的 3%；五是政府债务余额不应超过 GDP 的 60%。②《稳定与增长公约》。各国在运用财政政策时受到《稳定与增长公约》的限制，《稳定与增长公约》对欧元区各国的财政支出作出了严格的限制（3% 的赤字标准和 60% 的债务标准），预算赤字超过 GDP 的 3% 的国家将被罚款，罚款可达 GDP 的 0.5%。这使得各国财政支出有限，财政政策的弹性较小。③欧洲汇率机制。对欧洲汇率机制的路径依赖导致了欧盟货币政策协调更加稳定，这归功于欧洲货币体系时期的制度安排和 1979 年以来由汇率机制运作所创造的制度性活力。到 20 世纪 80 年代后期，实现汇率稳定的这一机制在减小再结盟的数量与规模、促进通胀运行、财政赤字和利率趋于一致方面被认为是一个成功的范例。通过向"锁定"汇率发展，以这一成功范例为基础的路径正在不断增强吸引力。而且这一机制现在演变为欧洲汇率机制Ⅱ，成为联系区内国与区外国的主要纽带，继续发挥着积极的作用。④欧洲理事会的独特地位。欧盟的制度结构为重新确认对经济货币联盟的政治领导留有了余地，即通过欧洲理事会。在那里，国家和政府领导人能够避开他们的财政部长和中央银行行长采取行动。这样独特的设计结构在历史上发挥了巨大的作用，在欧洲货币体系混乱的时期，各成员国财政部和中央银行非常不情愿地沿着通向经济货币联盟的路径走下去，以至于各国首脑通过欧洲理事会"自上的"的坚定有力的政治领导将经济货币联盟重新推回到 1988 年汉诺威会议所确认的议事日程中。这种设计结构在以后也将发挥不可估量的作用，为顺利实现欧盟货币政策协调起到保障作用。⑤欧洲中央银行体系主导欧盟货币政策协调的制度安排。经济货币联盟治理保持在附属于欧盟经济财政理事会制度结构的控制中，经济货币联盟治理的这一组织结构将就业和经济部长排除在主要谈判之外，或使他们在主要谈判中居于次要地位，欧洲中央银行体系被确保拥有一种特殊的权利。这样就防止了其他经济政策对货币政策协调的掣肘。①

上述的这些规则和机制是欧盟各国能够顺利协调货币政策的制度基础，为欧洲经货联盟的顺利运行提供了基本的保障。制定这些规则的目的是在各成员国形成一个稳定的货币金融秩序，为更深入的经济一体化铺平道路。规则的设计不仅是各成员国努力协商的产物，而且还要归功于各成员国日益紧密的经济、贸易一体化。欧盟货币政策协调的规则是层级设计和自组织结合而形成的，源于上层的一体化与源于下层的一体化基本上是互补的。这个观点被很多经济学家所认同。比如，《稳定与增长公约》中严格约束了各成员国运用财政手段的能力，规定每个成员国的财政预算赤字不能超过本国 GDP 的 3%。源于上层的一体化，包含在条约规则中，为下层市场中的一体化铺平了道路。这些规则明显地体现了几个特点：①开放性。开放性体现在两个方面：一方面是欧洲经货联盟的大门永远是向其他非成员国敞开的，加入的前提是申请国符合《马约》相应的标准，欧洲经货联盟的开放性保障了自身的活力，有助于降低交易成本；另一方面是规则可以随着经济形势的发展而不断作出调整，比如欧洲中央银行在 2003 年引入轮换制对行长理事会实行的"一国一票制"进行修正，当然这种调整不是随意做出的，而是在促进欧盟经济、货币一体化的原则下进行。②非歧视性。非歧视性保障了区内各成员国的经济主体拥有平等的竞争主体地位，鼓励竞争，使经济更有效率。纵观欧盟货币政策协调的规则，可以看出都在鼓励各成员国取缔针对欧盟内其他国家经济主体的歧视性标准，提倡构建泛欧

---

① 吴志成、潘超：《欧洲经济货币联盟治理的转型：实际根据、理论模式与功能分析》，《马克思主义与现实》2005 年第 6 期。

盟内平等的竞争环境。比如，欧盟委员会 2005 年公布了在 5 年内开放欧盟被分割的金融服务业的计划，这项计划将使欧盟零售银行业的竞争和跨国一体化的趋势进一步加剧。③权力的分散性。欧盟货币政策协调规则的一个重要特征是集权与分权相结合，体现了权力分散的原则。比如，欧洲中央银行主导欧盟货币政策的制定，而货币政策的具体实施却依靠各成员国的中央银行。④惩罚性。规则为一个共同体所有，总是依靠某种惩罚而得以贯彻，没有惩罚的规则是无用的。欧盟国家货币政策协调的规则也是一样，包含了许多对各成员国违反规则的惩罚措施，在《稳定与增长公约》中体现得尤其充分。《稳定与增长公约》对欧元区各国的财政支出作出了严格的限制（3% 的赤字标准和 60% 的债务标准），预算赤字超过 GDP 的 3% 的国家将被罚款，罚款可达 GDP 的 0.5%。

总之，欧盟货币政策协调的规则有效地协调了各成员国的货币政策，增强了各成员国的信任和货币金融秩序的稳定，为在整个欧盟实现货币一体化奠定了基础。

二　渐进式协调

欧洲货币联盟的建立并不是一蹴而就的，而是各成员国长期卓有成效的货币政策协调的结果。欧盟货币政策协调是随着欧洲经济一体化的发展而不断发展，是一个从低级到高级的渐进性过程。欧盟货币政策协调发展的渐进性是指货币政策协调存在从低级到高级的递进过程。任何伴随着经济一体化的货币政策协调，都需要经历汇率政策协调、货币政策协调、财政政策协调等几个阶段，在发展过程中，超越任何一个阶段都是不现实的。

在《罗马条约》时期，《罗马条约》中就写入了关于"各成员国政策应逐步趋同"的规定，并要求成员国的经济与货币政策应保证国际收支平衡，维持币值信心，促进就业和物价稳定，要求成员国对经济政策、汇率政策、货币政策给予共同的关心。《罗马条约》孕育着欧洲货币联盟的萌芽，但未对货币联盟规定明确的目标和时间表。《沃纳报告》提出向经济与货币联盟前进分三步走的方法，以最终实现固定汇率和共同货币政策的目标。为实现这一目标，建立了共同体内部的汇率协调机制，推行可调整的中心汇率制，这就是欧共体历史上著名的蛇形浮动汇率机制。这标志着欧共体各国在汇率政策的协调上走出了实际的一步。70年代末至90年代初欧洲货币体系时期，协调的内容更加广泛，《马约》规定分三个阶段实现欧洲经货联盟的设想。从这个历程中可以看出，货币政策协调的深化是渐进的，必须是一体化达到一定的程度才能实现。

伴随着欧盟货币政策协调内容的深化，参加货币政策协调的成员国越来越多，主导货币政策协调的机构和货币政策的协调程序也日益完善。从欧盟货币政策协调的发展历程可以看出几个明显的特征：①欧盟货币政策协调的演变有明显的路径依赖迹象，前进轨迹越来越清晰。欧盟货币政策的最终目标就是在整个欧盟范围内构建统一的货币区和实行统一的货币政策。欧盟货币政策协调的发展是在有利于欧盟经济一体化的框架下进行的，这把欧盟货币政策协调的发展导入了一条清晰可见的道路。而且这样的路径依赖是有利的，这种顺从性调整有助于节约调整的信息成本，使得货币政策协调得以沿着正确的方向进行。②欧盟货币政策协调的方向明确，但其配套政策呈现分散化的特点。欧盟在向着实现完全统一的货币政策而不断努力，但现阶段有些其他宏观经济政策并没有集中。在欧元区内部，货币政策统一，但财政政策、竞争政策和区域政策仍然分散。欧盟货币政策协调存在着分散化的特点。③欧盟货币政策协调的发展有明显与其他货币抗衡的特点。全球化导致了制度竞争，欧盟国家一直面临强大的美元霸权，这一现实威胁也加速了欧盟货币政策协调的发展。

三　超国家机构的协调

由欧盟各成员国货币一体化发展实践来看，在货币政策协调中起主导作用的机构由各成员国政府及中央银行转为欧洲中央银行。在欧洲经济一体化早期，货币政策的协调主要是为了实现国家水平的目标，比如德国与法国之间货币、汇率政策的协调（德法之间汇率、货币政策的协调主要由德法两国的政府及中央银行负责），法国国内货币政策与财政政策之间的协调（法国国内货币政策与财政政策的协调主要由法国的中央银行和财政部共同讨论决定）。这类协调主要是由各成员国政府及职能机构主要负责。1958年的《罗马条约》要求建立一个货币委员会，该委员会由每个成员国两名代表（一般是财政部、中央银行各一名）及委员会两名代表组成。1969 年《沃纳报告》提出了要组建负责共同货币政策的超国家的中央货币当局的设想，但由于当时的货币市场异常混乱，妨碍了《沃纳报告》的实施。蛇形浮动汇率机制实行期间，建立了欧洲货币合作基金，这使得在 70年代各成员国货币政策的协调仍然靠各成员国政府及中央银行实行。在后来的欧洲货币体系时期，建立了一个机构——欧洲货币基金，它是以欧洲货币合作基金为基础扩大而来的，其职能是支持成员国对外汇市场的干预，以促使汇率的稳定，管理成员国中央银行间的信贷，逐步集中成员国的外汇储备，向欧洲中央银行过渡。这个机构可以看作超国家的货币协调机构的萌芽。1991 年 12 月《马约》的签订，明确了超国家的统一货币当局的诞生日期。1994 年建立了欧洲第一个超国家的货币机构——欧洲货币局。欧洲货币局的建立使货币政策制定及其协调的主导权逐渐从各成员国转移出来，为欧洲中央银行的最终建立做好了铺垫。

　　1998 年 6 月，欧洲中央银行正式成立，其总部设在德国的法兰克福，工作人员 500 人。《马斯特里赫特条约》对欧洲中央银行决策机构的设置作出了明确的规定。欧洲中央银行行长理事会和执行董事会是欧洲中央银行的两个主要决策机构。行长理事会负责制定欧元区的货币政策和实施货币政策的指导纲要，其主要职责是确定欧元区的货币政策目标、主要利率水平和中央银行体系准备金数量等。欧洲中央银行的货币政策手段在根本上与德国联邦银行使用的那些手段相符。控制货币流通量在这方面和对通货膨胀发展的判断一样起着重要作用。欧洲中央银行的这个货币政策战略追求的目标是确保欧元的稳定，并同时为货币联盟内的经济增长筹资提供所需的支付手段。为此它主要利用公开市场政策和最低储备政策以及经常性的信贷可能，使信贷机构能借以在欧洲中央银行存款或满足其临时支付需求。在公开市场业务范围内欧洲中央银行通过购入有价证券使货币流入经济，通过出售有价证券从经济抽走货币。从发展趋势看，欧盟内非欧元区国家逐渐会加入欧元区，这会使欧洲中央银行在货币政策协调中的主导地位越来越高。欧盟各成员国货币政策的协调将由超国家的欧洲中央银行主导，各成员国退居次席。欧盟货币政策的协调上升到了为实现欧盟整体水平目标而进行的协调。

第三章

国际金融危机爆发前的
欧洲经货联盟的经济运行

在欧洲经货联盟正式运行之前，许多经济学家对统一货币区建立后将会产生的种种效应提出了许多不同的观点，比如在对于经货联盟建立后非对称性冲击的看法上就存在不一致。克鲁格曼认为贸易一体化的发展使工业生产在空间上的集中性进一步加强，欧元区内将形成几个专业生产区，紧密的贸易关系并不能使经济结构更加相似，因此非对称冲击的可能性并没有减弱，反而会由于货币联盟而加强。而 Frankel 和 Rose（1998）通过对20个工业化国家近30年的资料进行分析指出，当需求冲击或工业内部贸易占总贸易大部分的情况时，EMU 内成员国之间国际贸易关系更加密切，这将使其经济结构、商业循环周期更趋同，因此，发生非对称冲击的可能性会减弱。① 这仅仅只是众多存在差异的观点之一。

欧盟各国引入欧元和建设欧洲经货联盟的一个重要目的是使其经济一体化向更高层次发展，使各成员国经济从货币一体化中获益。毫无疑问，欧元的引入使欧洲宏观经济环境发生了巨大的变化，引起区内各经济要素的重新配置。自欧元 1999 年引入以来，欧元对各成员国经济的影响深远，产生的效应也逐步显现。

鉴于国际金融危机对欧洲经济发展的重大破坏性，有必要以危机为节

---

① Frankel. J and Rose. A，"The endogeneity of the optimum currency area criteria"，*Economic Journal*，1998，108（441），pp. 1009 - 1025.

点分段探讨欧洲经货联盟的经济运行状况。在欧洲经货联盟运行的头十年里，欧元区的经济表现尚可。总体而言，欧洲经货联盟在头十年里取得了成功。欧盟经济和货币事务委员杰昆·阿尔穆尼亚（Joaquin Almunia）在论及欧元时说道："对欧盟而言，欧元是进一步深化经济一体化的基石和欧盟的象征；对世界而言，欧元是国际货币体系的一个新支柱和全球经济稳定的一个重要支撑。"[①]

第一节　欧洲经货联盟宏观经济增长状况

欧盟各国引入欧元的一个重要目的是使经济一体化向更高层次发展，从货币一体化中获益。针对货币一体化对欧洲经济增长的作用，存在不同的认识。欧洲中央银行行长让·克劳德·特里谢（Jean - Claude Trichet）认为："欧元在促进欧洲共同大市场的运转上发挥了非常重要的作用，使之成为真正的单一市场，而且欧元使区内经济免受许多外部经济的冲击。"[②] 华民（2005）认为货币一体化显然是造成欧元区经济未能达到预期目标的主要原因，因为货币一体化产生了通货膨胀效应、产品差别效应和组织呆滞效应。[③] 而有的学者表示，除去法国、意大利和德国，欧元区 1999 年至2005 年经济年增长率为 2.9%，与美国的经济增长率基本一致。这些学者认为欧元和欧央行的货币政策没有问题，是法国、意大利和德国没有推进经济改革而没有实现经济增长。

在欧元引入的头十年，欧元区经济表现尚可。经济增长速度虽然落后于美国和日本两大先进经济体的增长速度，但仍然保持稳步增长（见表 3 - 1）。1999 年后，欧元区经济平稳增长，虽然 2002 和 2003 年有所放缓，但 2004 年后逐渐走出经济低迷。2006 年和 2007 年经济增长率分别为

---

① European Commission, *EMU@ 10：Successes and Challenges after 10 Years of Economic and Monetary Union*, foreword.

② ECB, *Monthly Bulletin 10th Anniversary of the ECB*, foreword, p. 6.

③ 华民、余换军、孙伊然、陆志明：《从欧元看货币一体化的发展前景》，《世界经济》2005年第 5 期，第 3~11 页。

2.8%和2.6%，2007年的增长率甚至超过了美国。在经济增长的同时，欧元区在十年间新创造了1600万个工作岗位，有效地减少了失业。截至2007年，欧元区的失业率为1980年以来的最低水平，从1999年的9%下降至7%。①

表3-1　1999~2005年美国、欧元区、日本分季度真实GDP增长率

单位：%

	美　国	欧元区	日　本
1999Q1	4.2445	2.0466	-0.6183
1999Q2	4.4168	2.2868	0.2667
1999Q3	4.4324	3.011	-0.3039
1999Q4	4.6984	4.1187	0.2095
2000Q1	4.0803	4.3893	2.6388
2000Q2	4.8474	4.6021	2.7057
2000Q3	3.5192	3.7454	2.9202
2000Q4	2.2397	3.1615	3.3418
2001Q1	1.8565	2.747	2.2839
2001Q2	0.589	2.0076	0.9682
2001Q3	0.3507	1.7573	-0.2304
2001Q4	0.2255	1.118	-1.5327
2002Q1	1.0298	0.6441	-2.1367
2002Q2	1.2689	0.9053	-0.4219
2002Q3	2.2247	1.0907	1.1871
2002Q4	1.8749	1.1722	1.9825
2003Q1	1.6167	0.9206	1.6912
2003Q2	1.9817	0.4067	1.5738
2003Q3	3.1732	0.5755	1.4017
2003Q4	4.0294	0.9239	2.6031
2004Q1	4.6742	1.5665	3.6101
2004Q2	4.6303	2.1249	2.6684
2004Q3	3.8229	1.8478	2.281

---

① Eurostat database.

续表

	美　国	欧元区	日　本
2004Q4	3.7562	1.5828	0.5443
2005Q1	3.6448	1.199	1.1075
2005Q2	3.5977	1.207	2.6808
2005Q3	3.6396	1.5906	2.7848
2005Q4	3.2229	1.6556	4.3357

资料来源：IMF，*World Economic Outlook – Globalization and Inflation*，April 2006.

一　稳定了区内价格水平

欧洲中央银行体系实施以价格稳定为首要目标的货币政策，通货膨胀率显著降低。区内商品由同一种货币标价，加剧了企业之间的竞争，在一定程度上也减轻了通货膨胀的压力。欧元引入头十年欧元区通货膨胀率总体保持在目标范围内。纵向来看，欧元引入头十年欧元区年均通货膨胀率为2.1%，大大低于70年代9.3%、80年代7.5%和90年代2.4%的年均通货膨胀率。横向来看，欧元引入头十年来美国和英国平均通货膨胀率分别为2.6%和2.7%，高于欧元区平均通货膨胀率。[①] 2007年左右，由于全球能源和食品价格的上升，新兴经济体和主要工业国家的通货膨胀率不断上升，欧元区通货膨胀率也有所抬头。长期来看，欧元区要保持不超过2%的通货膨胀率仍然面临一定的压力。无论如何，欧元区过去十年较低的通货膨胀率和稳定的货币使企业和个人对未来的预期增强，保障了人民的生活水平，尤其是保障了低收入者的生活水平。

二　显著降低了区内利率

1999年后，欧元区较低的通货膨胀率使利率大幅降低。纵向来看，欧元区长期利率在欧元引入后的头十年为4.4%，大大低于90年代的8.1%；横向来看，90年代欧元区长期利率8.1%高于美国长期利率7.1%。但欧元

---

① European Commission，EMU@10：successes and challenges after 10 years of Economic and Monetary Union，pp. 28 – 29.

引入的头十年欧元区长期利率为 4.4%，低于 4.8% 的美国长期利率。[①] 较低的利率使企业和个人的融资成本降低，刺激了企业的再生产投资和个人消费的增长，有利于经济的增长。随着欧元区国债利率的降低，政府的偿债成本也降低，不断改善的财政状况使政府将更多的资金投入公共服务。

三　刺激了贸易的增长

最优货币区理论认为建立统一货币区有许多好处——降低交易成本、减少汇率的波动和不确定性、更大的价格透明度，这些对于增加区内贸易额和加深贸易一体化程度起促进作用。交易成本降低促进贸易增长的原因是，在货币联盟内部进行国际交易不再需要进行货币兑换，那么跨国经营的企业的行政和财务管理会大大简化；另外也消除了对汇率风险进行冲销，这两方面的原因会使区内贸易额和区内参与跨国贸易的数量增加。减少汇率的波动性促进贸易表现在增加了单位公司的贸易额和参加区内贸易的公司数量（尤其是中小公司），而且汇率波动和贸易呈现非线性的显著相关。这是因为当汇率波动降低到一个较低的范围时，汇率的波动对小公司贸易的影响要大于大公司，而随着汇率波动的减少将会有越来越多的小公司参与区内贸易，那么汇率波动减少的边际效应将会越来越大，这就是"罗斯效应"，也就是同等程度贸易波动的减少会导致更多贸易的增长（有可能达到 300%）。[②] 至于价格透明度，从企业方面看，汇率风险的消失提高了企业参与国际贸易的积极性，而且在同一价格水平下公平竞争，加剧了企业之间的竞争，增强了企业竞争力；从消费者方面看，消费者购买商品时省去了汇率转换成本，能够便捷地比较商品价格高低。区内市场的深化扩大和企业参与贸易积极性的提高，使得贸易尤其是区内贸易规模不断扩大。

在理论的基础上，一些学者展开了实证分析。Baldwin（2006）通过研究估计欧元将促进区内贸易在原来的增长水平上额外增长 5% ~ 10%，[③] 随

---

① European Commission, *EMU@10: Successes and Challenges after 10 Years of Economic and Monetary Union*, p. 19.

② Rose, "One money, one market: the effect of common currencies on trade," *Economic Policy*, April（2），2000.

③ Baldwin, "The Euro's trade effects," *ECB Working Paper Series*, No. 594, March, 2006.

着新的数据获得，Micco，Stein and Ordonez（2003）对这个数值进行了修正，认为是 4% ~ 8%。[①]

如表 3 - 2 所示，从 1999 年到 2003 年，欧盟 15 国在世界贸易中所占比重基本没有多大的变化，欧盟贸易总额占世界贸易总额的比重基本在 20% 左右。2006 年占世界贸易总额的 13%，略高于美国。根据这个情况并不能得出货币联盟的建立没有促进区内贸易繁荣的结论。在这几年中，欧盟经济持续低迷，和其他经济体（特别是美国和中国）的强劲增长形成较为明显的对比。在这样的经济大环境中，欧盟贸易总额仍能保持原有水平已经是一件不容易的事情。危机爆发前的 2006 年，欧元区的对外开放度比 1998 年增长了近 11%，2006 年商品和服务的进出口贸易额占区内生产总值的比重达到了 42%，同年美国为 28%，日本为 32%。

表 3 - 2　1999 ~ 2003 年欧盟 15 国在世界贸易中所占比重

	1999	2000	2001	2002	2003
出口/进口（%）	0.97	0.91	0.96	1.01	0.99
进口额（十亿欧元）	779.82	1033.44	1028.4	989.24	988.91
出口额（十亿欧元）	760.19	942.04	985.75	997.24	976.73
进口额/世界进口总额（%）	19.71	19.37	19.28	18.91	—
出口额/世界出口总额（%）	20.19	18.6	19.72	20.2	—

资料来源：转引自复旦大学欧洲问题研究中心编《欧盟经济发展报告》，复旦大学出版社，2005，第 34 ~ 35 页。

在欧元引入的前几年，欧元区的对外贸易比区内贸易增加更加迅速（如表 3 - 3 所示）。1999 年到 2005 年，欧盟 25 国对外贸易的进出口额都比对内贸易的进出口额增长快，但就数量而言，对外贸易的规模远远小于对内贸易，仅为对内贸易规模的一半。对外贸易比对内贸易增长更加迅速的情况是暂时的，部分原因是欧元 1999 ~ 2002 年的贬值，另外，美国和一些亚洲国家（比如中国）经济增长快于欧元区内部，由其他外部经济体的强劲增长带来的贸易扩张效应导致对外贸易额迅速增长。欧元引入前十年，在区外贸易扩大的

[①]　Micco，Stein and Ordonez，"The Currency Union Effect on Trade：Early Evidence from EMU," *Economic Policy*，October（37），2003，pp. 315 - 356.

同时，区内贸易也迅速增长，年均增长速度为 10%，超过了区外贸易的增长。2007 年，区内贸易份额占整个贸易总额的一半。

表 3 - 3　1999~2005 年欧盟 25 国对外贸易和对内贸易进出口额比较

单位：十亿欧元

	1999	2000	2001	2002	2003	2004	2005
对外贸易进口额	746.62	995.98	983.81	942.52	940.76	1032.17	1176.52
对内贸易进口额	1438.16	1701.33	1749.6	1768.79	1787.81	1950.52	2070.8
对外贸易出口额	689.43	857.78	895.85	903.6	882.88	969.28	1070.76
对内贸易出口额	1510.32	1781.19	1841.81	1865	1878.54	2028.34	2148.49

资料来源：根据复旦大学欧洲问题研究中心编《欧盟经济发展报告》（复旦大学出版社，2005）第 33~36 页的多个表格的数据整理而得。

从对内贸易的纵向增长来看（表 3 -4），有观点认为欧元的流通好像并没有使区内贸易得到迅速发展，与 1985~1990 年相比增长速度大大降低，主要的原因有两点：一是在欧洲一体化高度发展的情况下，其制度释放效应已不如原来那么明显；二是近几年来欧盟面临经济持续低迷。然而，据估计，欧元区区内贸易年均增长速度 10% 中的 2 到 3 个百分点仍然应该归功于欧元的引入。[①]

表 3 - 4　西欧商品贸易

单位：%

	出口增长率	进口增长率
1980~1985	-1	-3
1985~1990	16	16
1990~1995	7	6
1995~2000	2	3
2000	4	7
2001	0	-2
2002	6	4

资料来源：转引自华民、余换军、孙伊然、陆志明著《从欧元看货币一体化的发展前景》，《世界经济》2005 年第 5 期，第 6 页。

---

① ECB, *Monthly Bulletin 10th Anniversary of the ECB*, pp. 89 - 91.

应该说，欧元的流通对欧盟贸易一体化程度的提高具有非常积极的作用，只不过这种积极作用被欧盟经济低迷抵消了一部分。表 3 - 5 显示了欧盟 15 国从 1995 年到 2004 年贸易一体化程度的发展：商品贸易一体化程度从 7.9 上升到 10.5，服务贸易一体化程度也从 2.5 上升到 3.6，二者都有长足的进展。虽然这种进展与全球经济一体化步伐的加快有关，但欧洲地区贸易一体化的速度明显比其他地区要快很多，这显然应该归功于货币联盟的建立和欧元的流通。

表 3 - 5 欧盟 15 国商品贸易和服务贸易的一体化程度

欧盟 15 国	1995	1996	1997	1998	1999	2000	2001	2002	2003	2004
商品贸易一体化程度	7.9	8.2	9	9	9	10.8	10.6	10.1	9.9	10.5
服务贸易一体化程度	2.5	2.7	3.1	3	3.2	3.6	3.6	3.5	3.4	3.6

资料来源：http://epp.eurostat.ec.europa.eu，eurostat yearbook 2005。

四 提高了资本的流动性

在欧元引入头十年里，欧元区的对外资产和负债数额增长迅速，金融开放度也随对外资产和负债总额上升而显著上升。汇率风险消失降低了交易成本以及股票市场、债券市场和银行的服务成本，使资本流动变得更加容易。从 1999 年到 2006 年，欧元区对外资产和负债总额增加值相当于区内生产总值的 60%。2006 年，欧元区国际资产和负债总额占区内生产总值的比例为 150%，而美国为 115%，日本为 90%。欧元的引入进一步深化了区内市场，区内资本流动性高于区内与区外间的资本流动性。区内直接投资占欧元区整体直接投资的比例从 1999 年的 35% 上升到 2006 年的 45%。虽然很多学者认为欧元引入与欧元区直接投资的增长并不直接相关，但欧洲中央银行认为欧元对区内直接投资的增加有积极作用。据其测算，欧元对区内直接投资增加的贡献率达到 15%，对区外直接投资增加的贡献率达到 7%。[1]

---

[1] ECB, *Monthly Bulletin 10th Anniversary of the ECB*, pp. 92 - 95.

五 促进了金融市场一体化

　　欧元引入前，欧洲金融市场分割比较明显。欧元的引入打破了金融市场一体化的障碍，提高了金融市场一体化程度。就货币市场一体化趋势看，区内跨境银行业交易稳步增加，银行业跨国并购加速。欧元引入头十年，欧洲最大的六家银行集团在欧元区内、母国以外的资产占整个欧元区资产的25%。从债券市场一体化趋势看，以欧元计价的私人债券市场逐渐形成，其市场金额约为1万亿欧元，超过了公共债券发行市场的8000亿欧元。股票市场一体化趋势尤为明显。欧元区内跨境持股的比重从1999年的20%上升到现在的40%。[1]金融市场基础设施建设加强，跨境金融服务网络建设取得明显进步。欧元区建设了以欧洲及时自动化净冲销快速转账系统（TAR-GET）为代表的泛欧大额支付系统和以单一欧洲支付区（SEPA）为代表的泛欧零售支付系统。

六 维持了一定的经济周期同步水平

　　关于欧元对区内分工和经济周期的影响有两种截然不同的看法，一种是欧洲委员会的观点，一种是克鲁格曼的观点。前一种观点认为，在货币联盟内，发生不同需求冲击的频率将越来越小。原因在于欧洲工业化国家之间的贸易在很大程度上建立在规模经济和不完全竞争（产品差异）基础上的产业内贸易，由此形成各国相互买卖同类产品的贸易结构。随着单一市场的形成，将强化这种结构，因此产生非对称性冲击的概率减少。而克鲁格曼主要关注形成规模经济的可能性，规模经济会导致分工专业化，形成产业活动的区域集中化。由于紧密的贸易关系使工业生产在空间上的集中性进一步加强，欧元区内将形成几个专业生产区，紧密的贸易关系并不能使经济结构更加相似，因此，他认为，非对称冲击的可能性并没有减弱，反而会由于货币联盟而加强。[2]

　　这两种观点孰对孰错还不好判断，根据目前的经验数据，第一种观

---

① European Commission, *EMU@ 10: Successes and Challenges after 10 Years of Economic and Monetary Union*, pp. 4 – 5.

② 〔比〕保罗·德·格劳威：《货币联盟经济学》，汪洋译，中国财政经济出版社，2004。

点似乎更加可信。首先在产业内部贸易方面来说，如表 3 - 6 所示，从 1961 年到 2000 年，欧盟各国贸易中的产业内贸易一直呈上升趋势。其次，在经济周期方面，Giannone and Reichlin（2006）通过经验研究认为欧洲国家的产出并没有趋同，但也没有明显的发散。欧元区内的周期性非对称冲击逐渐减少，而且非对称冲击对欧元区各国的影响和该冲击对美国各地区的影响类似。1970 年以来，欧洲各国经济周期的同步性有很大程度的提高，区内各国的同步性明显高于欧元区与其他地区的同步性。最后，在服务业方面，规模经济对服务业的影响并非像对工业那样重要，服务业并不会出现区域集中的趋势。由于服务业日益重要（现在服务业占欧盟国家 GDP 的 70%，有的甚至更高），即使继续推进经济一体化进程，经济的区域集中化趋势也会停止。[①] OECD 在最近的研究中得出结论：经过几十年的发展之后，美国经济活动的区域集中化趋势已有所回落。

表 3 - 6　1961 ~ 2000 年欧共体各国贸易中的产业内贸易（未调整的 G - L 系数）

时间 国家	1961	1967	1972	1977	1985	1992	2000
比利时	0.51	0.56	0.49	0.57	0.56	0.60	0.72
丹 麦	0.30	0.37	0.41	0.44	0.42	0.47	0.61
法 国	0.60	0.69	0.67	0.71	0.68	0.72	0.80
德 国	0.47	0.56	0.57	0.57	0.60	0.68	0.71
希 腊	0.02	0.06	0.08	0.10	0.15	0.15	0.19
爱尔兰	0.22	0.28	0.36	0.45	0.40	0.41	0.49
意大利	0.44	0.56	0.57	0.56	0.52	0.51	0.59
荷 兰	0.54	0.57	0.59	0.59	0.60	0.67	0.66
葡萄牙	0.04	0.10	0.13	0.13	0.24	0.31	0.48
西班牙	0.10	0.26	0.29	0.29	0.47	0.60	0.65
英 国	0.51	0.67	0.65	0.65	0.62	0.68	
欧共体	0.48	0.56	0.57	0.57	0.58	0.64	

资料来源：转引自苑涛《欧洲国家产业内贸易分析》，《欧洲研究》2003 年第 5 期。

---

① Francesco Paolo Mongelli and Juan Luris Vega, "What effects is EMU having on the Euro Area and its member countries?", *ECB Working Paper Series No*599, March 2006.

欧元区经济周期同步性系数为 0.6，比 1989～1998 年的系数 0.56 略高，同步性稳中有升。仅此而言，欧元的引入对欧元区内部经济周期同步性提升影响似乎并不明显，欧元区较高的经济同步性还可能归功于欧洲单一市场的建设和深化。但如果再比较欧元区与英国的经济同步性，那么会有新发现。欧元区与英国的经济同步性有较大幅度的提高，从 1989～1998 年的 0.06 上升到欧元引入头十年的 0.65。[①] 英国也参与了欧洲单一市场的建设，但英国与欧元区经济的同步性在 80 年代并不明显，而欧元引入的头十年内英国与欧元区经济的同步性却有相当大的飞跃。这或许是因为欧元引入后，英镑对欧元的汇率变化比以前更加稳定，引起了经济同步性上升。

七　表面上缩小了区内发展差距

单一货币引入之后，欧元区利率大幅下降，统一的金融市场逐渐形成和深化。利率下降使相对落后的地区取得资金的成本大为降低，而且统一的金融市场使资金的获取更加充足和便利。资金成本的下降，加上约束财政赤字、国家债务负担的财政政策和消除地区差距的凝聚政策的实施，加速了相对落后地区的经济增长，缩小了其与欧元区平均发展水平的差距。1999 年希腊、西班牙、塞浦路斯、马耳他、葡萄牙和斯洛文尼亚人均国内生产总值占欧元区平均人均国内生产总值的比例分别为71%、84%、77%、71%、68% 和 70%。到了 2008 年，除了马耳他和葡萄牙停留在以前的水平外，西班牙、希腊、斯洛文尼亚和塞浦路斯分别将这一比例提高到 94%、90%、84%、83%。[②] 欧元区经济差距的缩小吸引更多的欧盟国家，尤其是中东欧国家加入欧元区。然而，这种经济差距缩小很可能只是一种表面现象，主要依赖于当时普遍景气的经济环境。

和上述经济成就相反的是，欧元区劳动生产率在欧元引入头十年增长

---

① European Commission, *EMU@10: Successes and Challenges after 10 Years of Economic and Mone-tary Union*, pp. 49 – 50.

② European Commission, *EMU@10: Successes and Challenges after 10 Years of Economic and Mone-tary Union*, pp. 106 – 107.

缓慢。据欧盟委员会的测算，欧元区头十年劳动生产率的年均增长率仅为
0.75，比 1989～1998 十年间的 1.5 低。① 欧元区劳动生产率增长缓慢并非由
欧元的引入造成，主要是由欧元区信息技术升级缓慢和研发投入不高、劳
动力市场僵化等因素造成。

第二节　欧洲经货联盟对世界经济的影响

2007 年，欧元区总人口 3.2 亿，国内生产总值 8.9 万亿欧元，稍低于
美国的 11.9 万亿欧元，为世界第二大经济体，约占世界经济比重的 1/5。
在全球化浪潮的推动下，欧元区的经济运行和欧元汇率的变动必然给包括
中国在内的其他经济体带来重要影响。

一　欧洲经货联盟成为左右全球经济稳定增长的一支重要力量

欧元区稳定全球经济增长的作用主要体现在三个方面。第一，欧元
的引入进一步深化了欧洲单一市场，扩大了市场规模，促进了对外贸易
增长和资本流动。欧元区商品进出口额占国内生产总值的比例从 1998
年的 26%，上升到 2007 年的 33%。欧元区广阔的市场在很大程度上容
纳了以中国为代表的新兴国家的出口能力，拉动了中国等新兴国家的经
济增长。欧元引入头十年中国对欧元区的出口一直保持高速增长，成为
欧元区最大的商品进口国。2007 年欧元区从中国进口商品 1702 亿欧
元，对中国的贸易逆差高达 1101 亿欧元。② 第二，欧元区对全球经济稳
定增长的作用日益明显。第三，欧元区不断改进的经济治理推动了全球经
济治理的进步。欧元区可信赖的经济政策框架和稳定的金融系统，增强了
其他经济体的学习兴趣，推动了全球经济治理的进步，从而促进了世界经
济的增长。

---

① European Commission，*EMU@10：Successes and Challenges after 10 Years of Economic and Mone-
tary Union*，p.34.
② Eurostat database.

二 欧元的出现有利于国际货币体系的稳定

欧洲中央银行以区内价格稳定为目标的货币政策,抛弃了反周期的货币政策,成为稳定欧元币值的有效保障,为世界货币体系增加了一个稳定锚。欧元与美元是国际货币体系的两大主要货币,欧元对美元的汇率从1999 年 1 月的 1:1.18 一路走低,2000 年 10 月到达最低点 1:0.83 后一直低位运行,一路盘整到 2002 年 2 月。在此之后,欧元止住颓势,开始上升。2002 年末欧元对美元汇率实现 1:1,2004 年底达到小高峰 1:1.36。2005年欧元调整下行,2005 年 12 月跌至 1:1.17。此后欧元进入快速上升阶段,大幅攀升。欧元对美元汇率在 2008 年 4 月一度接近 1:1.6,高位运行几个月后,7 月底开始大幅下调,截至 9 月中旬欧元对美元汇率为 1:1.4。欧元对美元汇率的变化可以较好地由利率和经济增长率的变动来解释。1999 年欧元引入后,美国利率高于欧元区,而且美国在新经济的推动下经济增长强劲,这使得欧元贬值。2000 年美国网络经济泡沫破灭,而且美国和欧元区的利率出现反转。2002 年随着欧元的流通,欧元开始升值。2005 年美国利率又超过欧元区利率,这又引起了欧元的贬值。2006 年后美国巨额的贸易赤字引发对美国经济持续性的担忧,欧元区利率和美国利率的差距缩小,欧元进入快速上升渠道。2008 年 7 月后欧元的大幅下滑和美国第二季度经济增长数据好于预期以及市场对美国利率预期提高有关。虽然欧元与美元的汇率在近十年来变动较大,但根据欧盟委员会的一项测算,欧元的实际有效汇率与 1999 年相比并没有太大的变化。特别要指出的是欧元 2005 年底开始的升值,其实起到了稳定国际货币体系的作用。2005年后美国为减少贸易赤字放任美元贬值,欧元保持了坚挺,起到了货币稳定锚的作用。欧元对国际货币体系的稳定作用可以从欧元对人民币的汇率变动看出。人民币在 2005 年 7 月 13 日开始汇率形成机制改革之前实行盯住美元的汇率制度,欧元对人民币汇率走势基本与欧元对美元汇率走势一致。欧元对人民币汇率从 2005 年 7 月 13 日的 1:10.08 小幅下降到 2005 年 11 月的 1:9.44,之后缓步震荡向上,2008 年 3 月达到高峰 1:11.17。此后缓慢震荡下行,7 月开始快速深幅向下,截至 9 月中旬,欧元对人民币汇率为

1：9.54。① 欧元对人民币的汇率波动幅度较小，而且体现出一定的稳定性。许多货币开始选择将欧元作为"锚货币"。因此，欧元的出现对美元起到了一定的抑制作用，在一定程度上打破了美元的货币霸权，有利于国际货币体系的稳定。

欧元成功流通开辟了区域货币一体化的先河，对世界其他地区产生了重要的示范效应。70 年代，在世界经济区域化、集团化的带动下，国际货币体制出现了集团化趋向。在欧元成功流通的鼓励下，东亚和非洲等区域经济体都在货币领域加强了合作。各地区开展的货币合作客观上有利于国际货币体系的稳定。

三　欧元作为仅次于美元的国际强币被国际市场广泛接受

欧元由于其庞大经济实力的支持，迅速崛起为仅次于美元的国际强币。欧元在国际债券市场、国际存贷款市场、国际贸易计价结算和国际储备货币市场等领域的国际货币职能正在逐步加强。

从国际债券市场看，欧元迅速地在国际债券市场发挥作用，已经成为国际债券市场中的重要发行货币。从狭义的国际债券市场看（非欧元区国家发行的以欧元计价的债券），欧元计价的债券占整个债券市场的份额从 1999 年初的 22% 上升到 2006 年底的 32%，低于美元 44% 的份额。但是，从广义的国际债券市场看（包含所有国家面向国际金融市场发行的以欧元计价的债券），2004 年以欧元计价的国际债券发行额超过了以美元计价的国际债券发行额，此后，两者的差额持续扩大，到 2007 年 6 月，欧元计价的债券占整个债券市场的份额达到 48%，美元计价的债券比例为 36%。

从国际存贷款市场看，1999 年后，国际存贷款市场中的计价货币比例相对稳定，但是在有些市场细分中，欧元发挥着显著的作用。在借贷双方都不是欧元区国家的以欧元计价的跨境交易市场中，欧元业务在国际存款和贷款市场中的份额都只约为 18%。但是，如果把借贷中一方是欧元区国家的以欧元计价的跨境交易包含在内，欧元业务的份额就会显著增加。比如，自从 1999 年欧元一直是欧元区银行对欧元区以外的非银行客户贷款的第二大计价

---

① http：//www.ecb.int/ecb/html/index.en.html.

货币。从欧元区银行提供给区外的贷款看，欧元贷款的比例上升到36%，稍低于45%的美元贷款比例。大部分这些贷款给了发达国家，尤其是英国的客户。欧元是欧元区银行对欧元区以外的中东欧国家、非洲和中东、亚太地区的非银行客户贷款的主要计价货币。中东欧国家尤其对吸引来自于欧元区国家的欧元贷款感兴趣，这也体现了欧元在周边地区的地位增强。

在外汇交易市场，美元的地位较为稳固，占据主导地位，外汇市场的美元交易量仍然最高。欧元是外汇交易市场仅次于美元的第二大货币，高于日元和英镑，超过1/3的外汇交易用欧元进行。美元是最常用于交易欧元的货币，欧元兑美元的交易额占到了欧元与非欧元货币交易额度的74%，占到了全球外汇交易量的27%。欧元与其他货币的交易额相对较小，仅占全球交易量的10%。这显示欧元作为外汇市场干预货币的作用比较有限。美元虽然占主导地位，但其份额从2001年以来有下降的趋势。在外汇衍生产品场外交易市场，14%的外汇交易合同金额涉及欧元，80%涉及美元。然而，就场外利率衍生品交易市场来讲，欧元是主导货币，占到了全球日均交易量的39%，高于美元的32%。[①]

表3-7 外汇交易市场主要货币交易比例 *

单位:%

年 份	美 元	欧元（马克）**	日 元	英 镑
1992	82	39.6	23.4	13.6
1995	83.3	36.1	24.1	9.4
1998	87.3	30.1	20.2	11
2001	90.3	37.6	22.7	13.2
2004	88.7	37.2	20.3	16.9
2007	86.3	37	16.5	15

注： * 货币交易涉及两种货币交易，因此总量是200%，不是100%。

    ** 1999年前的欧元指德国马克。

资料来源：此表引自于 European Commission，*EMU@10：Successes and Challenges after 10 Years of Economic and Monetary Union*，p. 119。

---

①   European Commission，*EMU@10：Successes and Challenges after 10 Years of Economic and Monetary Union*，p. 119.

在国际贸易方面，欧元引入后，很快就成为国际贸易重要的计价和结算货币。一半以上的欧元区对外贸易以欧元作为计价和结算货币，但使用欧元计价结算主要在欧元区内及贸易一方为欧元区国家中，而在其他国家的贸易中还较少使用。使用美元计价结算的除了美国参与的贸易外，还大量存在于无美国参与的贸易中。比如，据日本大藏省的统计，2007 年日本来自于欧元区的进口有 34.6% 使用欧元结算，使用美元结算的占 13.6%；但是日本来自于亚洲及美国的进口分别有 71.8% 与 76.9% 使用美元结算，使用欧元进行结算的仅分别占 0.4% 与 0.7%。日本对欧元区的出口有 54.6% 使用欧元，使用美元结算的比例为 13.6%，而日本向亚洲及美国的出口中，使用美元结算的比例分别为 48.4% 与 88.3%，使用欧元结算的比例为 0% 与 0.2%，基本可以忽略不计。除了一般贸易更多地使用美元计价结算外，国际大宗原材料市场上，美元更是唯一的结算货币，特别是作为原油的结算货币。作为世界上最大的贸易商品，原油进口国需要美元进行支付，这产生了对美元长期的稳定需求，有助于维持美元的主导货币地位。[1]

从官方使用情况看，欧元发挥着重要作用，对美元产生了不同程度的替代，但美元仍然是各国政府官方使用中最重要的货币。货币国际化的一个重要表现就是被各国政府作为储备货币、驻锚货币以及外汇市场干预货币，尤其是驻锚货币的作用最为明显，因为驻锚货币往往就是一国政府的储备货币和外汇市场干预货币。2007 年，欧元被约 40 个国家作为驻锚货币。这些国家大部分在区域上靠近欧元区，包含大部分欧盟非欧元区国家或者与欧盟有特殊协定的国家，比如欧盟候选国、潜在候选国以及非洲法郎区国家。俄罗斯卢布是钉住一篮子货币，欧元在篮子货币中的权重很高。由于中国等国家并没有对外公布外汇储备结构，无法得知欧元在各国外汇储备中的具体比例。在 2007 年中，从已公布外汇储备结构的国家统计数据看，外汇储备总额为 5.7 万亿美元，其中约 25.5% 的储备为欧元资产，高于 1999 年的 18%。同期，美元资产的比例从 71% 下降到 65%，日元资产的

---

① 李长春：《货币竞争下的美元与欧元国际货币地位比较分析》，《现代经济探讨》2011 年第 10 期。

比例也减少了，英镑资产比例有所上升，但英镑和日元资产比例份额相对较小。欧元作为外汇储备的作用在欧元区周边国家体现得更加明显，这些国家欧元资产比例从 40% 到 85% 不等。从欧元引入头十年来看，欧元成为仅次于美元的重要外汇储备货币，对美元产生了不同程度的替代。欧元区附近国家把持有的美元资产大部分转换为欧元，而在其他国家对美元资产的替代效应并不明显，只是对日元等其他资产产生了一定的替代。

具体来讲，欧元的国际货币职能体现出三个特点。第一，欧元作为国际储备货币的职能提升较为明显。1999 年欧元占全球储备货币的份额为 18%，2003 年提高到 25%，在此之后一直稳定在这一比例。第二，欧元的国际化在很大程度上由区内跨境交易所推动。从狭义的国际债券发行市场看，以欧元计价发行的债券占国际债券市场的份额由 1999 年的 22% 上升到 2007 年的 31%，但是一半以上的以欧元计价的国际债券由欧元区内部的投资者购买。第三，欧元在其邻近国家的市场发挥显著的作用。欧元区候选国和欧盟附近的国家 60% 的对外贸易以欧元计价。[①] 必须指出的是，欧元被国际市场所接受只是欧元区稳定的货币政策带来的一种附加效应，欧洲中央银行并不追求使欧元成为国际强币，也从未实施支持欧元国际化的政策。欧元被广泛接受反映了外部经济体对欧元区经济和金融发展成就的认同。

第三节　欧洲经货联盟非对称制度设计面临的制约

经济政策还是货币政策统合优先一直是欧洲经货联盟建设争论的话题。各个成员国对此持有不同的看法，但历史上大概可以分为主张经济优先的以德国为代表的国家和主张货币优先的以法国为代表的国家。两种观点的冲突无法彻底化解，欧委会给出的答案照顾了双方的关切，也就是同时进行。从实际操作来看，在欧洲经货联盟进入实质建设阶段时，货币的整合

---

① Elias Papaioannou and Richard Porte, "The international role of the euro: a status report", European Commission, Economic Papers 317, April 2008.

无疑要快于经济政策的协调。货币政策是单一的，财政政策等其他政策仍然归属于成员国，虽然建立了一系列约束性规则，但其约束效力很软。这种经济和货币的非对称制度设计给欧洲经货联盟头十年的运行造成了一定的问题，最后在欧债危机中暴露无遗。

一　欧洲中央银行统一货币政策与分散的财政政策的矛盾

现代国家对本国的经济进行宏观调控主要依靠货币政策和财政政策两大政策工具，协调运用两大政策工具来调节经济周期、控制通货膨胀、平衡财政、保持国际收支平衡，使得本国经济实现内外均衡。财政政策和货币政策互相配合，相辅相成。欧元区各国加入货币联盟后，由欧洲中央银行制定统一的货币政策，丧失了货币政策的自主权，只有独立地运用财政政策来调节经济，应付负面冲击效应。各国在运用财政政策时受到《稳定与增长公约》的限制，《稳定与增长公约》对欧元区各国的财政支出作出了严格的限制（3%的赤字标准和60%的债务标准），预算赤字超过GDP的3%的国家将被罚款，罚款可达GDP的0.5%。这使得各国财政支出有限，财政政策的弹性较小，在面临不对称冲击时受到的财政压力较大。因此，这种不对称制度设计将会产生一系列问题：当某国陷入经济衰退，该国会运用该国自主的财政政策刺激本国经济。在轻微经济衰退时不会产生太大的问题，但处于严重的连续经济衰退时，由于其财政政策弹性面临《稳定与增长公约》的束缚，该国会作出两种选择：一是要求货币联盟实行较为宽松的货币政策，以配合其国内经济的恢复；二是违反《稳定与增长公约》3%的赤字标准，扩大其财政赤字，这会对其他成员国产生负面的溢出效应，不断扩大财政赤字的国家将不断求助于货币联盟的资本市场，造成货币区内利率的升高，利率的上升会增加其他成员国债务的负担和影响统一的货币政策的执行。造成这种状况的原因是：首先，欧元区各国并不是一个统一的政治实体，有着各自的利益，各国将会制定有利于本国的财政政策，欧洲中央银行统一货币政策的效果有可能被各成员国独立的财政政策效果所抵消；其次，欧元区各国的经济形势并不完全相同，实行的是紧或松的财政政策依据各国情况而定，而欧洲中央银行现阶段实行的是以稳定币值为目标的紧缩型货币政策，那么一部分国家的财政政策就必然失去了货币政策的有力配合，二者的协调优势将不能发挥；最后，《稳定与增长公约》对欧元区各国的财政支出作出了严格的限制。

自欧元启动以来，欧洲中央银行始终奉行以稳定币值为目标的货币政策，而欧元引入头几年欧洲主要国家经济持续低迷，被迫实行扩张的财政政策，比如法、德两国的财政赤字已经连续三年超过 GDP 的 3%（如图 3－1所示），与《稳定与增长公约》发生了严重的冲突。《稳定与增长公约》对财政赤字和债务上升的预防机制和纠正机制并没有起到好的作用。结果就是，欧元区成员国在经济下滑时期希望运用宽松的财政政策刺激经济，在经济上升期也没有足够的动力趁机解决累积的财政问题，财政问题越来越严重。总之，欧洲中央银行统一的货币政策与分散的财政政策的矛盾在欧洲经货联盟运行头十年表现得非常明显。

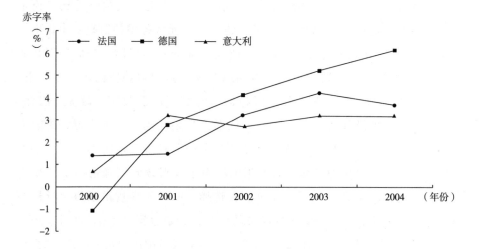

图 3－1　2000～2004 年法国、德国和意大利的财政赤字情况

资料来源：欧洲中央银行，*Revenue, Expenditure and Deficit / Surplus*，09 June 2005，www. ecb. int。

二　欧盟分散的社会保障政策与统一的货币政策的矛盾

二战过后，欧洲各国以建设"福利国家"为理念，十分注重发展社会保障制度，建立了高水平的社会保障体系，成为世界上社会福利水平最高的地区。欧洲各国社会保障制度虽然取得了巨大的成功，但随着环境的改变也暴露了许多的问题，其具体表现之一就是越来越不适应欧盟劳动力市场的发展，欧盟面临非常严峻的失业问题。90 年代末欧元的引入和统一货币区的构建带来了巨大的制度变化，使得社会保障政策与就业的关系更加复杂，超出了各成员国的国界，成为欧盟经济与社会政策制定中的一个日益重要的问题。根据最优货币区理论，单一货币区得以顺利运行的一个条件就是劳动力自由流动。当前欧盟国家的社会保障政策存在很大的差异，这些差异严重制约着劳动力的流动，而且给有的国家带来巨大的财政压力。

　　欧盟分散的社会保障制度限制了区域内劳动力的自由流动。蒙代尔在其最优货币区理论中指出：在一个统一的货币区中，工资弹性和劳动力的流动性是使面临非对称冲击的国家经济自动恢复均衡的机制之一，也就是说统一的具有流动性的劳动力市场是建立经货联盟的一个必要条件。而欧盟当前分散的社会保障制度限制了这种统一劳动力市场的建立。二战过后，欧洲国家开始进行经济一体化。随着经济一体化的发展，劳动力流动的现象日益频繁。这种现象引起了欧洲各国一定程度的重视，各国政府开始对跨国流动劳动者的社会保障问题进行协调，比如在 1959 年欧洲经济共同体规则中首次就流动劳动者的社会保障问题达成了协调。但当时以及此后很长的时期中，欧洲社会保障并没有以一体化为最终目标，没有建立统一的欧洲社会保障条款，协调范围只限于欧盟范围内跨国流动劳动者的社会保障问题。欧盟现行的社会保障制度对劳动力市场产生了两大消极的后果：一是造成了欧盟劳动力的低流动性，因为在缺乏统一的社会保障的情况下，不仅劳动者个人会因社会保障关系的阻碍而难以跨地区流动，而且各个地区的政府和企业也可能会因为社会保障制度的不统一而产生限制流动的行为。[①] 目前欧盟低流动性的劳动力与不断增长的高流动性资本呈现鲜明的对比。二是造成了欧盟成员国不同劳动力市场体制间的竞争，这显然与欧盟一体化的宗旨相背离。因此，在一个统一的市场中劳动力自由流动的重要条件是，劳动者流入新的国家和地区后其原有的社会保障关系能够在新的就业地得以承认和延续，并且新的地区和原有地区之间的福利待遇基本持

---

① 关信平、黄晓燕：《欧盟社会保障一体化：必要性及条件分析》，《欧洲》1999 年第 4 期。

平。而要达到这一点就需要各个地区之间在社会保障方面具有相似的和可以衔接的基本制度，这客观要求欧盟在内部建立统一的社会保障体系。

欧盟在引入欧元后加大了各成员国就业政策和社会保障政策的协调。自《阿姆斯特丹条约》签订以来，欧盟出台了一系列的措施，协调并促进各成员国就业政策及社会保障政策的改革。1997 年欧盟确定了共同就业战略，开始了"卢森堡进程"；2000 年 3 月欧盟里斯本特别首脑会议发表了题为《就业、经济改革与社会团结》的报告，提出了"里斯本战略"，即在 2010 年达到充分就业，使欧盟成为以知识经济为基础、最具有活力和竞争力的经济体。"里斯本进程"启动以来，欧盟委员会于 2000 年 6 月提出了《2001～2005 年欧洲社会议程》，其核心是使欧洲的社会模式现代化，提出成立统一的"社会保障委员会"、出版年度《社会保障报告》等一系列建议。2002 年 10 月欧盟召开了合并组成的就业、社会政策委员会的第一次部长理事会。2003 年 3 月，欧盟委员会在布鲁塞尔召开了对《2001～2005 年欧洲社会议程》的中期评审大会，其中讨论的一项重要内容就是统一的社会保障政策对就业和劳动力流动的影响。[1]

欧盟对就业政策和社会保障政策的一系列协调措施取得了一定的成果，自卢森堡就业战略实施以来，欧盟一共创造出约 1000 万个新就业岗位，就业率从 1998 年的 61.3% 上升到 2001 年的 64%，失业率则降至 7.4%，达到十年间的最低水平，其后由于经济的低迷，失业率又有所上升，但都低于 90 年代的平均失业率。[2]

三 保证欧元坚挺的货币政策与欧洲经济增长缓慢的矛盾

欧洲中央银行是以德意志中央银行为蓝本，明显地体现了新货币主义者的范式，认为货币政策只有一个最终目标——物价稳定。欧洲中央银行行长理事会对物价稳定施加了明确的定义："物价稳定表示欧元区消费者物

---

① 中国社会科学院欧洲研究所、中国欧洲学会编《欧洲发展报告》，中国社会科学出版社，2004。
② 陈立泰、熊厚：《欧盟社会保障政策对就业的抑制效应及其对中国的启示》，《甘肃社会科学》2007 年第 1 期。

价调和指数（HICP）年上涨率在 2% 以下。"① 欧洲中央银行还从实际操作的角度出发，进行了补充说明，即通货膨胀率保持在 0% ~ 2% 的目标范围内。从这几年欧洲中央银行的实践来看，它是严格地遵从了这一通货膨胀目标的，但也导致了一个问题：这个通货膨胀率目标区间和欧盟现在的经济形势是否匹配。如表 3 - 8 所示，自从欧元启动以来，欧盟大多数国家始终为持续低迷的经济和日益恶化的高失业率问题困扰，根据欧洲议会公布的数字，2005 年 4 月欧元区的失业人数已达到了 1300 万，仍然保持在占劳动人口 8.9% 以上的高水平。对比欧洲那时的经济形势，通货膨胀率目标最大值 2% 显得过低。这基于以下两个因素：第一，适当的通货膨胀对经济增长有利。若通货膨胀率为正，可以通过采用名义工资涨幅低于通货膨胀率来降低实际工资，促进经济的增长，而过低的通货膨胀率会限制实际工资的调整，增强实际工资的刚性。这是由于欧元区国家缺乏另外的调节竞争力的手段，没有严格的政策协调手段。欧洲经货联盟协调经济政策的主要手段就是同行评议和提供建议，没有足够的手段去克服成员国之间竞争力缺口和增长差异，也很少考虑成员国经济政策的溢出效应。由此，欧洲中央银行通货膨胀率目标最大值 2% 低于通货膨胀率的最优水平，导致了经济的刚性增强，结构性失业上升。第二，0% ~ 2% 的通货膨胀率目标区间是各成员国通货膨胀率的平均值，不可避免地某些国家的通货膨胀率会降至 0 以下，这些国家很可能会产生难以控制的通货紧缩压力，影响其他成员国，使欧盟经济形势更加恶化。在欧盟各国经济形势低迷、失业率高的现实面前，欧元区一些国家有可能为了维护本国利益而对欧洲中央银行的紧缩的货币政策施加巨大的压力，使欧元的稳定受到直接威胁。

表 3 - 8　欧元区国家 GDP 增长率和失业率

	2001	2002	2003	2004
GDP 增长率	1.7	0.9	0.7	2
失业率	7.8	8.3	8.7	8.9

资料来源：欧洲中央银行，Labour markets，09 June 2005；Output and demand，09 June 2005，www.ecb.int。

---

① 《欧洲中央银行月报》，1999 年 1 月，第 46 页。

四 统一货币政策与各成员国经济发展不同步的矛盾

"最优货币区"有几个条件：第一，成员国的经济水平具有趋同性，具有相容的经济结构，在同时遭受相同经济冲击时，实行统一的汇率政策和利率政策对它们有利；第二，成员国经济周期具有同步性，否则实行单一的货币政策无法同时兼顾各成员国的利益；第三，成员国市场一体化，各种生产要素包括劳动力根据价格在统一市场内自由流动。从以上的条件看，欧盟在整体上并不是一个"最优货币区"。组建和加入一个货币联盟意味着各成员国必须放弃国家层面的货币政策。由于需要确定统一的政策利率，欧洲中央银行的货币政策往往难以充分考虑各成员国宏观经济基本面的差异。欧洲央行在政策制定时，表现为明显的非对称性安排，即由主导国（德国）的货币供给量和利率决定其他成员国的货币供给量和利率。也就是说，在欧元区内，无论增长率高还是低，无论是存在通货紧缩还是通货膨胀，各国都必须无条件地执行欧洲中央银行制定的统一利率。从成员国的角度来看，一项追求共同货币区价格稳定的货币政策可能会在一些成员国引发通货膨胀或通货紧缩，对于个别国家而言甚至可能是顺周期的政策。这种情况证明，维持欧元区国家实行统一的利率政策，并不适合欧元区每一个特定国家的具体情况。在这种情况下，必然有部分国家为统一的货币政策付出代价，但关键是这种代价与从货币一体化中得到的利益相比孰大孰小。而且，现有的欧元区有不断扩大的趋势，这将会改变现有成员国基于"最优货币区"的成本收益分析。其中一些成员国也许会认为欧元区的扩大打破了原有成本—收益的平衡，使货币联盟失去了以往的吸引力。

五 货币金融一体化与分散的金融监管的矛盾

欧元单一货币区的启动极大地促进了经货联盟内部的金融一体化。这有利于资产的多元化，客观上有利于分散风险，但同时也使得危机传递更加容易和迅速。尽管金融市场一体化步伐很快，相应的监管却没有跟上，成员国的监管机构和危机应对管理仍然处于分割状态。这种不协调的状态使得经货联盟无法有效地预防、控制和消除危机。缺乏共同的监管规则和相应的欧元区层面的监管机构是最主要的问题。另外，缺乏一个危机中统一提供救助的欧元区层面的机构也不利于化解危机。

　　总体来看，欧元引入以来的头十年是成功的。欧元的引入进一步加深了区域经济一体化，对欧洲经济发展起到了助推作用。我们在肯定欧元带来的诸多收益的同时，也必须看到不足之处。头十年里欧元区劳动生产率增长下滑、工资和价格的刚性以及结构改革步伐缓慢等问题仍未得到较好解决，欧元区的整体竞争力依然无法与美国抗衡，其人均国民收入一直为美国的70%左右。有一种观点认为欧元引入头十年世界经济的强劲增长支持了欧元的发展，欧元区还没有遭受严峻的外部经济冲击，欧元还未经受真正的考验。然而，在欧元为十岁生日庆生时，一场对欧洲经货联盟存续产生重大影响的危机已经到来。

第四章

欧洲主权债务危机冲击下的欧洲经货联盟

欧洲的财政和债务问题存在已久，组成单一货币区后事实上的财政和预算软约束使问题日益严重。国际金融危机的冲击最终使欧洲的财政和债务问题转变为主权债务危机。欧债危机充分暴露了欧洲经货联盟货币政策统一而经济政策协调踟蹰不前的结构性问题。2009 年底，希腊首先陷入主权债务危机的泥淖，引起人们对主权债务危机向其他欧洲国家蔓延的担忧。此后，爱尔兰也爆发了主权债务危机，葡萄牙也在 2011 年 5 月向欧盟和国际货币基金组织（IMF）申请救助，西班牙和意大利等其他欧洲国家也深受危机之苦。欧债危机直接引发了人们对欧元的信心危机，欧洲经货联盟的存续问题开始浮现。

第一节　欧债危机的演变

长期以来，欧洲就存在严重的财政和债务问题，国际金融危机的冲击最终使欧洲的财政债务问题转变为主权债务危机。欧洲主权债务危机起始于 2009 年底的希腊主权债务危机，随后蔓延至爱尔兰、葡萄牙，西班牙和意大利等欧洲经济大国均被认为有可能陷入危机。从欧洲公债市场看，欧洲主权债务问题转变为危机的重要表现是：欧洲政府债券市场中的债券购买者或潜在的投资者开始怀疑某些欧洲国家无法按期全额支付到期的政府债务，要求对这些债券的违约风险进行补偿，进而引起短期内债券收益率和利差不正常的攀升，最终使得这些国家无法融资或无法承担高昂的融资成本。因此，欧洲公债市场中各国政府债券收益率和利差的变动是反映欧洲主权债务危机走势的重要参考指标，与欧洲债务危机的发展紧密相连。

一　欧债危机爆发的背景

全面理解和认识欧洲主权债务危机对欧洲经货联盟运行的影响，需要考察欧债危机爆发的背景。

（一）欧元区在国际金融危机爆发之前积累了严重的财政问题

由于过高的福利支出和受人口老化影响，欧元区成员国在国际金融危机前财政状况一直比较糟糕。1999～2006 年，欧元区政府债务占生产总值的平均比例每年都在 65% 以上，均未满足其规定的 60% 的负债水平要求。德国、法国等核心国家的财政状况也不理想，德国 2002～2005 年财政赤字占国内生产总值的比例连续四年超过欧元区设定的 3% 的目标水平。[1]

1. 欧元区提高财政收入水平以改善财政状况的空间十分有限

欧元区成员国财政收入水平普遍较高，接近国内生产总值的 50%，大大高于美国、日本等其他发达经济体。在全球化背景下，如果欧元区进一步扩大税基和提高征税水平，那么只能使资本更加迅速地流向其他经济体，给欧元区的长远经济增长带来更大制约。因此，欧元区进一步提高财政收入以改善财政状况的空间非常有限。

2. 欧元区财政支出大量用于国内社会福利支出，不易削减

欧元区国家普遍实行高福利社会保障制度，财政支出水平很高，而且相当部分用于社会保障支出。危机爆发前的 2006 年，欧元区财政支出占生产总值的比例为 46.7%，而且财政支出的 64.8% 用于社会保障、医疗和教育。[2] 由于社会福利支出和选民利益息息相关，欧元区成员国政府很难在短期内大量削减福利支出。

---

[1]　数据来源于欧洲统计局，http://ec.europa.eu/eurostat。

[2]　"The functional composition of government spending in the European Union"，*ECB Monthly Bulletin*，April 2009，pp.91-99。

3. 人口老化给欧元区财政问题带来长期影响

欧盟老年人口赡养率从 1999 年的 23% 上升至 2010 年的 25.9%，预计 2050 年将达到 51.8%。[①] 未来创造财富的人口比例相对减少，花费财政的人口比例相对增长，这将给财政收支带来很大困难。人口迅速老龄化的预期使欧洲中长期的财政可持续性深受质疑。

（二） 国际金融危机冲击使得欧元区财政状况进一步恶化

由于国际金融危机的冲击，欧元区不得不花费巨资稳定银行和出台一系列财政刺激政策，短期内财政支出大增，同时经济低迷导致收入萎缩，使财政状况进一步恶化。欧元区的财政赤字和政府负债占国内生产总值的比例分别从 2006 年的 1.4%、68.4% 上升到 2009 年的 6.3%、79.3%。[②]

二　欧债危机的发展阶段

欧洲主权债务危机的发展可以分为以下阶段。

（一） 希腊主权债务危机造成希腊政府债券的收益率迅速上升，开始了欧洲公债市场的动荡 （2009 年 10 月—2010 年 3 月）

2009 年 10 月 4 日，希腊新任总理帕潘德里欧就职后不久即公开表示，前政府掩盖了政府债务和赤字的真相。10 月 21 日，希腊政府重新向欧洲统计局递交统计数据，取代 10 月 2 日递交的数据。新数据的修改范围涉及 2005～2008 年以及 2009 年预计的政府赤字和公共债务。其中 2008 年政府赤字占国内生产总值的比例从原来的 5.0% 提高到 7.7%，2009 年预计赤字从原来计划的 3.7% 提高到 12.5%，公共债务占国内生产总值的比重达 113%，大大高于欧盟《稳定与增长公约》确定的 3% 和 60% 的上限。[③]

早在 2008 年全球金融危机爆发时，希腊的政府赤字状况就已经引起了

---

① 数据来源于欧洲统计局，http：//ec. europa. eu/eurostat。
② 数据来源于欧洲统计局，http：//ec. europa. eu/eurostat。
③ European Commission，"Report on Greek Government Deficit and Debt Statistics"，COM （2010） 1 final，Brussels，January 2010.

欧盟的关注。2009 年 2 月，欧盟经济和金融委员会认定希腊存在过度政府赤字，并开始展开相关程序，对希腊的政府赤字状况进行跟踪和评估。而 10 月份暴露的统计数据问题，更是引起了欧盟的强烈关注。希腊曾多次调整统计数据，而 10 月 21 日的调整幅度非常大，因此欧盟经济和金融委员会于 11 月 10 日作出决定，由欧盟委员会对"希腊不断出现的财政统计数据问题"进行调查，并提出建议和行动计划。

欧洲主权债券市场在 2009 年 10 月份还是风平浪静。在希腊统计数据问题事发后，希腊 10 年期国债的利差逐渐拉大到 153 个基点。但国际评级机构此时对希腊还没有任何反应。[①]

2009 年 11 月 25 日迪拜债务危机爆发后，国际主要信用评级机构因未能及时预测到迪拜危机而饱受指责。11 月 30 日，《金融时报》发表了专栏作家沃尔夫冈·明肖（Wolfgang Münchau）的题为《迪拜之后现在是希腊》的文章。[②] 12 月 7 日，标准普尔警告，希腊的主权债务将从 A－下调一级，8 日惠誉干脆直接宣布下调希腊主权债务等级至 BBB＋，当日希腊 10 年期国债利差拉升到 220 个基点。希腊债务问题开始演变为债务危机。

（二）欧洲主权债务危机的蔓延使欧洲边缘国家和核心国家的国债收益率出现两极分化（2010 年 3 月—2010 年 10 月）

希腊深陷主权债务危机之初，投资者并没有迅速将怀疑的目光投向其他重债国。毕竟，欧元区是一个经济整体，希腊债务问题可以在其他成员国的支持下解决，而且历史上少有发达经济体出现债务违约。然而，在欧元区成员国财政状况普遍糟糕的背景下，欧盟在救助希腊问题上拖拖拉拉，救助的细节迟迟不能出台，加上德国在救助希腊问题上一直持保留态度，导致了资本市场对欧盟救助希腊决心的怀疑，市场投机预期愈发强烈。2010 年 3 月下旬，希腊 10 年期国债收益率上升到 6.36%。而惠誉在 3 月 24 日甚至准备下调葡萄牙的主权信用等级。欧盟的拖拉使投资者产生恐慌，主权债务危机开始蔓延至公共债务形势最糟糕的葡萄牙和爱尔

---

① 文中关于国债利差的数据和 CDS 数据，如无特殊说明，均来自 http://www.bloomberg.com，以及 http://www.eurointelligence.com。

② 转引自 Wolfgang Münchau，"After Dubai,Now Greece?"，http://www.eurointelligence.com。

兰，葡萄牙和爱尔兰的 10 年期国债收益率迅速上升。在这个阶段中，从边缘国家撤离的避险资金投向了德国、法国等经济财政状况相对较好的欧洲国家，使这些国家的公债利率出现了不同程度的下降。虽然 2010 年 5 月建立的欧洲金融稳定工具短期内降低了边缘国家的国债收益率，但并没有改变德国、法国等核心国家和希腊、葡萄牙等边缘国家的国债收益率两极分化的趋势。

（三）爱尔兰和葡萄牙主权债务危机的爆发严重干扰了欧洲公债市场的正常运行（2010 年 10 月—2011 年 4 月）

2010 年 8 月，标准普尔宣布，由于爱尔兰政府扶持金融业的成本迅速增长且超出预期，将该国的主权信用评级由 AA 下调一个等级至 AA－，且评级前景为"负面"。爱尔兰由于巨大的银行业救助支出而陷入主权债务危机的泥淖。在欧盟救助后，欧洲中央银行对重债国家国债的购买使欧洲公债市场在 2010 年和 2011 年之交出现了短暂的平静。此后，葡萄牙由于国内政治势力的互相倾轧，没有度过 2011 年春季的还债高峰，继希腊、爱尔兰之后陷入危机。在此阶段，市场投资者从最初针对个别国家偿债流动性的怀疑，转为对欧洲国家财政结构性偿付能力的普遍质疑，不相信希腊、葡萄牙、爱尔兰等能够控制负债比率，实现财政可持续。质疑从流动性转向偿付性严重干扰了欧洲公债市场的正常运作，同时受欧洲央行加息的影响，几乎所有欧洲国家的债券收益率都出现上升。只是，重债国家的国债收益率上升更快。

（四）在希腊二次救助和美国债务问题的双重影响下，欧洲公债市场剧烈震荡（2011 年 4 月—2011 年 9 月）

欧洲债务危机爆发以来，投资者始终担心欧洲边缘国家政府将因沉重的公债负担而重组债务。2011 年 4 月，希腊宣布 2010 年的财政赤字率为 10.5%，高于预期的 9.6%。在此消息公布过后，市场哗然，希腊政府债券收益率和利差均出现快速上升，希腊 2 年期国债收益率甚至跃升至 20% 以上。投资者认为希腊等欧洲重债国家的债务重组已经不可避免，重组只是一个时间问题。此后，美国围绕债务上限的政治争吵严重影响了全球金融市场的稳定，进一步干扰了欧洲公债市场，欧洲公债市场剧烈震荡。西班牙和意大利的基准 10 年期国债的收益率分别攀升至 6.45% 和 6.25%。两国国债对德国国债的利差一度升至欧元时代的新高，分别为 404 个和 384 个基点。无论是收益率还是利差的水平，都已接近迫使希腊、爱尔兰和葡萄牙接受纾困时的水平。法国与德国国债的息差也升至 75 个基点，创下欧元时代的新高。[①]

（五）在欧洲中央银行的大力干预下，欧洲公债市场动荡程度在极度动荡后被强制压低（2011 年 9 月—2012 年秋）

在这一阶段，危机迅速从欧元区边缘国家向欧元区核心国家蔓延，而且开始危及欧洲银行业的稳定。同时，欧盟及其成员国没有进行有效应对，总是被市场牵着鼻子走，其危机处理和经济治理方面存在的问题充分暴露。在这种背景下，市场对欧元区崩溃的投机越来越厉害，危机进入最严重的阶段。

2011 年 9 月过后，欧洲主权债务危机有向意大利、西班牙逐步蔓延的趋势，进而引发欧洲银行业继国际金融危机以来再次动荡的重大系统性风险。意大利的债券市场具有系统重要性，可能引发银行业风险。

意大利国债规模为 1.9 万亿欧元，是全球第三大债券市场，仅次于美国和日本。如果意大利债券市场出现问题，比如意大利主权信用评级被降低，那可能引发债券收益率大幅提高，债券价格大幅降低，最终将恶化持有人的资产负债表。2010 年初，意大利国债的外国银行持有比例大致为 18%，其中欧洲银行占绝大部分。如果根据这个比例，大致有 3400 亿欧元的国债为外国银行持有。根据欧洲银行监管局的数据，参加 2011 年欧洲银行压力测试的 90 家欧洲大银行 2010 年年底的资本金为 12089 亿欧元。在主权信用评级的冲击下，意大利的债市一旦出现问题，将使得意大利和欧洲银行业的资产负债表大大恶化，可能引发欧洲银行业的巨大风险。[②]

意大利也存在出现主权债务危机的风险点。意大利国债规模大，尤其

---

① http://world.people.com.cn/h/2011/0808/c226638-304170853.html.

② 郑联盛：《意大利债务问题是欧债危机发展的关键》，中国社会科学院世界经济政治研究所国际金融中心工作论文，2011 年 9 月 22 日。

是 2012 年上半年到期债务规模巨大。意大利、西班牙在 2012 年的融资需求分别约为 4000 亿、2000 亿欧元，如果加上 2013 年的融资需求，这两个国家融资需求总额占欧元区国内生产总值的比例约为 10%。据彭博社估计，2012 年欧元区有 1.5 万亿欧元到期债务，其中上半年就有 5190 亿或者 6950 亿欧元的意大利、法国和德国债券到期。

在此情况下，意大利、西班牙的国债收益率迅速上升。意大利 10 年期国债收益率在 2011 年第四季度长期在 7% 左右波动，与希腊、葡萄牙接受救助时的收益率相当。

为了控制欧债市场的紧张状态，防止欧债危机向意大利、西班牙蔓延，欧洲中央银行开始了强力干预。首先，欧央行将紧急性融资期限从一年延长为三年，并且在 2011 年 12 月 21 日首次宣布向银行业提供长达三年期的超低利率贷款操作，此次操作向市场释放流动性的规模为 4891.91 亿欧元；同时，欧央行还进行了 98 天期贷款操作，释放资金为 297.41 亿欧元；[①] 其次，短期两次连续调低利率；再次，将存款准备金率从 2% 下调至 1%；最后，将银行到欧央行作贷款抵押的门槛降低（不理会评级机构的债券评级）。

在欧央行的强力干预下，欧洲公债市场的波动程度被强制压低。同时，欧元区各国加大了财政巩固力度，就《财政契约》达成了共识，力图以建立长期可信赖的财政框架的举措来争取市场信心，并且在 2012 年 2 月 21 日最终通过了对希腊的二次救助方案。这些举措部分缓解了欧债市场的紧张情绪，意大利、西班牙的 10 年期国债收益率逐步从 7% 的危险区域回落至 5% 左右。

2012 年 8 月，欧洲中央银行宣布推出无限量购买债券计划（OMT），在一定意义上充当了准最后贷款人的角色。另外，德国宪法法院在 9 月为永久性的救助机制——欧洲稳定机制和财政条约开了绿灯。[②] 在此后，市场投机空间大为减少，信心逐渐恢复，欧债危机形势走向实质性缓和。

---

①   http://bank.hexun.com/2011 - 12 - 22/136556906.html.
②   陈新：《欧债危机下欧洲经货联盟治理结构转型》，周弘、宋晓敏、沈雁南编《认识变化中的欧洲》，社会科学文献出版社，2013，第 86 页。

第二节 欧债危机爆发的原因

欧债危机的演进过程，有两个明显特点：一是爆发在欧元区边缘国家，二是传染效应较强。从这两方面去探寻欧债危机的产生原因有助于认识欧洲经货联盟经济治理方面存在的结构性问题。

一 欧洲主权债务危机爆发在欧洲边缘国家的原因

2008 年以前，欧元区国家财政状况普遍不好，但西班牙和爱尔兰财政状况在一定程度上好于德国、法国。那么，为什么主权债务危机却爆发于边缘国家呢？具体原因至少有以下几个方面。

(一) 经济增长方式和经济结构不合理，在国际金融危机的冲击下演变为财政危机

欧债危机爆发前的 10 年，欧元区的经济增长较快，平均增速为每年 2%，其中希腊等重债国家的经济增长速度尤其强劲，希腊过去 10 年的年均增长率约为 4%，大大高于欧元区的平均水平。

欧洲重债国家的经济增长更多的是由国内需求拉动的，金融部门、消费和房地产投资对经济增长的贡献较大。加入欧元区后，欧元区推行金融部门自由化和一体化，既提高了金融部门的效率，也使大量资本从核心国家流向边缘国家，导致可获得的信贷量迅速增长，边缘国家融资成本降低，利率一直保持在较低水平。较低的利率和宽松的信贷刺激了国内需求的迅速发展，西班牙、爱尔兰、葡萄牙和希腊都是如此。

高速经济增长使欧洲重债国家政府对财政收入的来源抱有较强的信心和预期，继而维持了较高的财政支出，它们既没有抓住时机解决积累的财政问题，也没有充分认识增长方式的弊端。

从美国次贷危机的形成和爆发过程可知，这种经济增长方式不可持续。国际金融危机发生后，宽松的外部融资环境消失。泡沫破灭后，经济增长自然萎缩，从而侵蚀重债国家财政收入的来源，使其收入大幅减少。以西

班牙为例，在西班牙房地产泡沫破灭后，西班牙经济遭遇了灾难性的冲击，失业率飙升至20%。与边缘国家相比，德国等核心国家的经济增长方式明显不同。以德国为例，过去10年，德国进行了一系列结构改革，劳动生产成本一直呈下降趋势。虽然德国也受到金融危机冲击，但借助先进的制造成本优势能较快地得到恢复。德国、法国等核心国家在国际金融危机中财政状况的恶化速度慢于边缘国家。

另外，危机来临后经济复苏不易。从经济结构调整看，过去10年由于经济环境较为宽松，欧洲边缘国家的结构改革政策进行得并不顺利，希腊、葡萄牙和西班牙等国家（除爱尔兰之外）劳动生产率一直处于较低水平，影响了经济弹性。希腊、葡萄牙和西班牙等欧洲重债国家（除爱尔兰之外）产品和劳动力市场的僵化影响了经济弹性，加大了经济复苏难度。相对德国等其他北欧成员国，欧洲重债国家的就业率和劳动生产率一直处于较低水平。产品和劳动力市场僵化不仅导致其经济长期持续增长的动力不足，而且使其在面临外部冲击时表现得十分脆弱。一旦受到外部冲击，欧洲重债国家无法及时有效地通过调节产品和劳动力价格进行应对，从而拉长了经济的低迷期。

经济低迷时期一般会采取经济刺激政策。欧洲重债国家相继采取经济刺激政策，使得财政支出大幅度增加，救助银行业也花费了巨资。一方面，减税和经济的萎缩导致财政收入收缩；另一方面，经济刺激计划通常使得财政支出大幅度增加。在全球金融危机渐渐过去、欧洲出现缓慢的经济复苏时，希腊等欧洲国家也没有下决心大幅度削减财政支出，不断减少的财政收入自然不能支持其庞大的财政支出。两方面的原因加大了重债国家在面临经济危机时的财政压力。

因此，相比德国等核心国家，欧洲边缘国家由于经济增长方式和经济结构的缺陷，受国际金融危机的冲击更大，爆发财政危机的概率更高。

（二）希腊、爱尔兰和葡萄牙借入了大量的外债，使其易受外部资本波动的冲击

欧洲重债国家私人部门和公共部门均借入了大量的外债，使其易受外部资本波动的冲击。在过去的10年，欧洲重债国家私人部门实际工资的增

长速度超过了生产率提高速度，相对其他成员国其生产成本更高。重债国家加入了欧元区，丧失了用货币贬值调节经济竞争力的手段。上述原因导致重债国家无论在欧元区内还是在欧元区外的经济竞争力显著下降，国内产品竞争不过外国产品。同一时期，国内需求却大幅上升，使得除爱尔兰以外的重债国家面临大量的贸易赤字。以希腊为例，据欧盟统计，希腊进出口占 GDP 的比重从 1995 年的 43% 上升到 2008 年的 60%，其中进口所占比例上升 10 个百分点，从 26% 上升到 36%，而出口的比重仅上升 7 个百分点，从 17% 上升到 24%。因此，希腊的对外贸易不平衡加剧，经常项目赤字从 1997 年起不断增加，2008 年占 GDP 的比重已达到 13.75%。[①]

欧洲重债国家的投资成本较高，投资环境较差，这些贸易赤字主要以借入外债的方式进行消化，从而积累了大量的债务。重债国家的私人部门不仅无法依靠出口产品和吸引外来直接投资弥补公共部门带来的外债，而且自身产生了较高的外债。

由于国内私人部门储蓄率较低，政府不得不主要依靠借入外债弥补财政赤字。其结果是，公共部门的外债占整体外债的比例很大，比如希腊高达 75%。希腊净外债增加十分迅速，其占 GDP 的比例从 2000 年的 45% 上升到 2009 年的 100%。[②]

一般而言，外债的比例过高，会引起国际资本的担忧，并招来投机资本。随着外债的不断上升，国际资本市场不断调低重债国家的评级，重债国家自然会面临在国际资本市场的融资困难。一旦出现国际市场融资困难，就无法依靠借债满足巨额的财政支出。

（三）欧元区存在制度设计缺陷：统一的货币政策和分散的财政政策不匹配

希腊等重债国家在加入欧元区后，处于欧元区中心—外围构架的外围，既不能决定欧元区的货币与汇率政策，又丧失了维护宏观经济稳定的政策

---

① European Commission DG for Economic and Financial Affairs, "Surveillance of Intra – Euro – Area: Competitiveness and Imbalances," *European Economy*, No. 1, 2010, p. 66.

② European Commission DG for Economic and Financial Affairs, "Economic Adjustment Programme for Greece," *European Economy*, Occasional Paper, No. 61, May 2010, p. 9.

工具。欧元区的货币政策与汇率政策，被核心国德国和法国控制（尤其是德国）。作为欧元区外围国家，一旦国内经济周期或受冲击程度与核心国家不一致，那么就丧失了维护宏观经济稳定的各种政策工具。例如，由于德国受美国次贷危机的冲击较小，同时德国人更偏重于维持通货稳定，而重债国家受美国次贷危机的冲击较大，在这种情况下，重债国家既不能实施扩张性货币政策以刺激消费和投资，也不能通过欧元贬值来刺激出口。尽管欧元区各国有实施独立财政政策的权利，但财政赤字与政府债务均受到《稳定与增长公约》的约束。此外，根据蒙代尔的最优货币区理论，如果各项生产要素能够在整个货币区内自由流动，这个货币区也能较好地应对非对称性冲击。但欧元区的现实是，劳动力要素并不能在各国之间自由流动。促进宏观经济稳定的政策工具的丧失，使得欧猪五国难以应对非对称性冲击，同时也使得欧猪五国过于依赖财政政策，导致财政不堪重负。① 如果外围国家得不到来自核心国家的财政转移支付，那么必将陷入困境。

主权债务危机爆发之前，欧元区没有建立救助机制。在欧元区成立之初，欧盟决策层和学术界就是否有必要建立货币联盟成员国违约救援机制产生过讨论。这里的主要原因有两方面。第一，救援会进一步加大货币联盟成员国的道德风险。加入货币联盟后，成员国发行的债券贬值风险大大减少。当某一成员国发行过量债券时，不会出现作为单一国家发行过量债券而马上引起利率迅速上升的风险。这会在一定程度上刺激成员国的不节制财政行为，引发道德风险。第二，当一国出现不可持续的债务增长时，有效运转的资本市场将会马上识别这一风险，将资金投向比较安全的成员国。市场会要求潜在违约国政府提供风险补偿，即提高其债券利率。这会加大潜在违约国政府的融资成本，但并不一定影响其他国家的融资成本，即其他国家仍然能以较低的利率借款。救援机制的存在会干扰市场对潜在违约国的预期，在一定程度上降低其风险补偿，使原本应该由高债务国家承担的成本转嫁到其他国家，加大其他国家的财政负担，提升整个货币联盟的借款成本。基于以上两个原因，欧洲人不希望建立救援机制，而力图

---

① 张明：《欧洲主权债务危机：演进、根源、前景与风险》，中国社会科学院世界经济与政治研究所国际金融研究中心，Working Paper No. 2010，W12。

以《稳定与增长公约》约束成员国的财政支出，从而降低和避免成员国违约风险。但是《稳定与增长公约》执行中的软约束和 2008 年以来的金融危机使这个美梦破灭。

这种制度设计弊端在金融危机后欧洲边缘国家迅速上升的财政赤字和国内负债的现实下暴露无遗。投资者严重质疑边缘国家在得不到外部财政支持下的偿债能力，使主权债务危机愈演愈烈。由于这个原因，欧元区虽然整体财政赤字和国内负债比率的情况比美国和日本要好，但主权债务危机却发生在欧元区。

（四）希腊、意大利和葡萄牙财政收支存在很大问题

欧元区的财政治理水平普遍不高，重债国家政府的财政政策尤其差劲。《稳定与增长公约》规定，成员国的财政赤字占 GDP 的比例不应该超过 3%，公共债务占 GDP 的比例也不能超过 60%。希腊、葡萄牙和意大利过去十年相当多的年份均未达标。希腊自 2001 年加入欧元区以来，历年财政赤字率都超过了 3%，从未达标。希腊公共债务占 GDP 的比例从 2000 年的 103% 上升到 2009 年的 115%。[①] 意大利公共债务占 GDP 的比例在全球金融危机爆发之前也一直维持在 100% 左右，其在 2003～2005 年的财政赤字率连续三年超过 3%。葡萄牙在 2004 年后每年的财政赤字率均超过了 3%。

从财政支出看，欧洲重债国家的财政支出相当部分用于社会保障支出和公共部门雇员的工资支出。受福利国家理念的影响，欧洲重债国家建立了优厚的养老金制度，但随着人口老龄化的加速，政府社会保障支出越来越多，财政窟窿越来越大。以希腊为例，希腊公共部门雇员工资在近十年里不断增加，占用了很大比例的财政资金。公共部门工资的上升还带动了私人部门工资的增加，侵蚀了私人部门的经济竞争力。欧洲政府为取悦于选民而没有采取严格的措施约束财政支出。

欧洲财政改革长期停滞延迟了希腊等国家财政问题的解决。欧洲民族福利国家的过度发展使希腊等国家超过半数的公共开支都被锁定在社会保

---

① 张明：《欧洲主权债务危机：演进、根源、前景与风险》，中国社会科学院世界经济与政治研究所国际金融研究中心，Working Paper No. 2010，W12。

障和社会福利等社会再分配领域里。虽然一些欧洲国家领导人提出了财政改革计划，但欧洲选民总是能够用他们的选票成功地指挥他们的政府继续增加而不是削减福利。

从财政收入看，欧洲重债国家没有合理规划收入。近十年来欧洲重债国家经济增长较为迅速，但政府并没有意识到这种增长的脆弱性，错误地认为其高速增长的经济将会保障未来的财政收入，支持高额财政支出。欧洲重债国家普遍没有预料到金融危机给主权债务带来的巨大破坏性效应，对其财政收支情况过分乐观。

另外，希腊还存在严重的偷税、漏税现象，这使相当一部分财政收入流失。一些专家估计，希腊政府因偷逃税行为每年损失的税收至少相当于国内生产总值的4%。希腊财政收支的统计水平也极低，导致决策层对财政形势的误判。由于统计部门的低效率，国内严峻的财政形势很迟才被发现。2009年4月，希腊发布统计数据预计其2009年的财政赤字率仅为3.7%，半年后发布的统计数据却高达12.7%。紧接着，希腊国债被国际信用评级机构迅速下调债务等级。希腊没有尽早发现自己的财政问题，延误了解决的时机。

因此，希腊等欧盟国家的难题不仅来自货币政策和财政政策的不对称不平衡，更是由于财政政策的制定受到国内政治制度的制约。卢森堡首相容克曾经一语道破玄机："我们都知道怎样改革，但是不知道改革以后怎样重新当选"。由此可见，希腊等欧盟国家的财政问题与其说是经济问题，不如说是政治问题。

二 欧洲主权债务危机持续扩散的原因

（一）欧元区及其成员国的危机应对措施使欧洲主权债务危机不断扩大

在希腊债务危机爆发之初，欧盟明知希腊不能依靠自身力量解决危机，但由于没有统一的财政政策用以应对这个制度性设计弊端而行动缓慢。欧盟在危机爆发半年过后才推出1100亿欧元的救助方案。这个方案，不仅要求希腊以加强财政巩固措施为条件分批获得贷款，还为希腊贷款设置了略低于市场利率的惩罚性利率。希腊的第一次救助方案仅仅解了燃眉之急，并没有彻底改变希腊面临的偿付性危机。由于救助方案迟缓，欧盟没有能够在早期遏止危机的蔓延，在市场压力之下推出了泛欧层面的欧洲金融稳定应对措施（EFSF 和 EFSM），其一致通过的决策机制和有效救助金额并没有满足市场预期，使其有效性大打折扣。

此后，在欧盟的指导下，各成员国出台了一系列财政紧缩计划，但由于国内政治条件的制约，这些紧缩措施往往无法彻底执行，严重挫伤了本已脆弱的投资者信心。葡萄牙就由于紧缩方案无法得到国内议会通过而被投资者抛弃，不得不申请救助。希腊 2010 年减赤方案的不到位更是引起了市场对其是否按时获得援助贷款的怀疑。希腊二年期国债收益率甚至跃升至 20% 以上。这逼迫欧盟提出了 7 月 21 日对希腊的二次救助方案。但是，这个救助方案的细节一直未见明晰。2011 年 10 月 26 日，欧盟各成员国终于就希腊二次救助方案达成了共识，但是这个方案在落实时遭到了巨大的困难。首先，希腊前总理帕潘德里欧在认同这个方案后的不久就反对承认这一方案，宣称要通过全民公投的形式决定是否接受欧盟的救助条件。这一决定旋即引起轩然大波，直接导致欧元区国家在 11 月初召开的二十国集团戛纳峰会上的被动。法德等欧洲国家本来打算在 11 月初的戛纳峰会上向中国等一系列国家提出建议，实现 EFSF 的杠杆化运作，扩大救助资金筹集规模。欧元区国家要求中国等国家购买只有 20% 信用担保的 EFSF 发行的债券，或是成立一个在 EFSF 下的救助基金。然而，希腊的搅局使得欧元区国家自乱阵脚，而且也使中国等国家看到了欧元区内部协调的不一致，在欧元区国家自身作出努力之前不敢对欧元区进行资金输入。法德给予希腊重压，宣称不能对欧盟的救助条件进行全民公决，只能对留不留在欧元区进行公决。在法德的重压下，帕帕季莫斯只得取消全民公投，随后黯然下台。虽然希腊公投不了了之，但是此事件一方面加重了外部集团对欧元区国家共同克服欧债危机的怀疑，使欧盟国家寻求外部支援的努力受挫；另一方面也使法德进一步不相信希腊，在提供二次救助计划时变得更加小心谨慎。

随后为了设立长期可信赖的财政框架以争取市场信心，欧盟在 2011 年 12 月又提出了建设《财政契约》的构想。《财政契约》一提出就遭到了英国的坚决反对，宣布不会参加此公约。后来，捷克也未参加《财政契约》。

因此，虽然欧盟及其成员国不断提出欧洲债券等加强财政政策统一的各种呼声，欧洲复杂的政治现实使这种呼声变现的希望十分渺茫。在这种应对不利的情况下，欧洲中央银行自 2010 年以来突破常规，开始在二级市场购买重债国家债券支持其发债。这种行为取得了立竿见影的效果，往往欧洲中央银行一入市，欧洲公债市场就趋于稳定。然而，欧洲中央银行对重债国家债券的购买也受到很多制约，不足以完全压制市场投机，反而成为市场投机者的提款机。

欧盟及其成员国和欧洲中央银行在主权债务危机发展的关键节点总是爆发政治争吵，使其往往不能有效满足市场预期，导致欧洲公债市场一步步恶化。

（二）市场投机加剧了主权债务危机

虽然欧洲主权债务危机是由经济结构性缺陷引发，但市场投机和欧洲财政经济改革的缺陷加剧希腊主权债务危机。在本次债务危机中，信用违约互换（CDS）成为投机者对欧元区发起一系列攻击的主要工具，无实体信用违约互换（Naked CDS，又称裸卖空）被使用最多。针对希腊主权债务危机中这些金融衍生品的疯狂交易，德国和法国于 2010 年 5 月初共同向欧盟委员会递交了有关加强对金融衍生品的监管的建议，尤其针对信用违约互换（CDS）交易的管理，以期打击金融投机活动。国际信用评级机构对市场投机起了推波助澜的作用。国际信用评级机构一再调低希腊等国家主权债务等级，市场看空造成重债国家融资困难；而评级机构借口重债国家融资困难再次下调债务等级，导致市场进一步看空，使融资更加艰难。

欧洲主权债务危机的愈演愈烈与标准普尔、惠誉和穆迪三大评级机构不断调低欧洲重债国家国债评级的行为密不可分。三大国际信用评级机构对主权国家的信用评级不仅被国际债券市场广泛认可，也被欧洲中央银行认可，几乎成为大部分投资者的购买指南。因此，一国债券收益率与三大评级机构给出的风险评级紧密挂钩。欧洲主权债务危机爆发以来，只要评级机构发布对欧洲重债国家评级的负面信息，债券市场马上就会作出反应，伴随而来的就是重债国家国债收益率的上扬。评级机构不断调降欧洲重债国家的主权债务评级使危机不断发展，从而对欧洲公债市场产生连续冲击。

诚然，评级机构调降欧洲重债国家的风险评级有一定的政治和经济依据，但并不是完全客观，有扰乱市场为投机资本谋利之嫌。比如，意大利的公债占 GDP 的比重虽然较高，但其国债大部分由国内居民持有，而且意大利储蓄率较高，居民对意大利国债的投资需求完全能够吸纳发债金额。只要意大利公债市场不混乱，短期流动性危机不出现，政府完全有能力筹集资金，并且依靠财政巩固措施逐步控制和削减债务。然而，评级机构却一度放出要调降意大利评级的消息，干扰了意大利公债市场的正常筹资。

另外，在欧洲重债国家还款高峰期，主权债务危机对欧洲公债市场的冲击尤其明显。任何一个主权国家，即使是财政盈余水平较高的国家，都不只是依靠财政收入，还需要通过发债合理满足财政支出。在市场动荡时期，债务违约可以依靠外部援助。正常情况下，主权国家发债以国家信用为担保，通常都能够获得投资者的青睐，从而使发债顺利进行。积存的债务也可以通过发新债还旧债，即债务滚动的方式使国家的筹资行为正常运作。如果一国债务滚动的链条断裂并且得不到外部资金援助，那么马上就会发生即将到期债务支付困难，引发债务违约。

随着欧洲主权债务危机的加剧，重债国家的融资环境日益恶劣，投资者信心越来越受到冲击，希腊、爱尔兰、葡萄牙等国家都面临日益严重的债务滚动链条断裂的风险。同时，加上评级机构不断地下调重债国家的评级，市场投机行为也随势而动，使这种链条断裂的可能性加大。因此，每逢欧洲重债国家发债高峰期，欧洲公债市场就波动不已。一旦度过发债高峰期，欧洲公债市场的波动就出现一定程度的减缓。

（三）欧洲银行业的不稳定干扰了欧洲主权债务市场

欧洲银行业的不稳定从三个层面对主权债券市场产生消极影响。首先，欧洲经济以间接融资为主，银行业承担了为实体经济融资的主要功能，银行业的紊乱将直接影响经济增长前景，从而影响长期财政收入状况。其次，欧洲银行业的不稳定可能导致政府救助，进一步加大政府财政负担。最后，欧洲银行业是公债的主要投资者，银行业的不稳定使其对公债的购买能力减弱，减少了市场对公债的投资需求，另外也会使其受到损失，进一步恶化银行业的经营形势。爱尔兰就是由于政府不堪救助银行的重负，使财政赤字不成比例地倍增，从而陷入主权债务危机的泥淖。西班牙公债占 GDP 的比例并不高，但市场预期西班牙政府有可能救助银行业使财政开支迅速扩大，使得西班牙的公债市场也是非常不稳定。有一段时间，法国银行也由于持有大量的希腊债券被严重怀疑，法国国债收益率出现了一定的上升势头。

专题四 欧债危机中的西班牙银行部门

在欧债危机中，西班牙银行部门因为大量的房地产贷款而饱受质疑，一度被认为是导致西班牙政府陷入救助危机的重要因素。

银行问题主要来自本国不动产泡沫

西班牙银行业以中小型银行和零售银行为主。在 2007 年金融危机爆发之前，储蓄银行是西班牙银行的主体。在不动产市场繁荣时期，根据盈利、效率和清偿力这三个主要金融评价指标，以及根据传统零售银行经营模式，这些银行资产都显示良好的状况。但是，2009 年，随着不动产泡沫的破裂，储蓄银行所潜藏的脆弱性充分暴露出来。其表现，一是为地产开发商发放大量贷款，造成信贷迅速扩张；二是中小型规模的储蓄银行激增；三是大部分储蓄银行严重缺乏透明度，缺乏清晰的产权。截至 2011 年 6 月，西班牙银行部门对建筑业和不动产业的贷款中，大约 16% 为可疑贷款，远远高于其他非金融机构贷款 5% 的可疑贷款比例。

通过资产重组彻底改造储蓄银行

为防止系统性风险，西班牙政府对储蓄银行进行全面改制。具体做法包括：①对银行负债进行减记，从 2008 年 1 月到 2011 年中期，西班牙银行部门负债减记总额相当于 GDP 的 10%；②以结构重组为条件向储蓄银行注资，改变部分储蓄银行的公司模式，将其转变为商业银行；③精简储蓄银行数量，将原有的 45 家缩减为 18 家；④加强储蓄银行的治理，增加专业人员从业比例。

以压力测试和信息披露增强透明度

增强透明度是西班牙银行业重组战略的核心。其具体实施方式，一是通过全欧元区范围的压力测试。2010 年 7 月，欧元区银行业进行广泛的压力测试，以此评估银行的贷款质量。西班牙有 50% 以上的银行参与了测试，其中包括全部的储蓄银行。参与测试的银行必须公开 2009 年底之前不动产业的风险暴露状况，包括每一笔交易的细节、金额、担保等信息。二是西班牙政府通过立法，要求银行披露不动产贷款信息，包括年度账户，并接受外部审计。针对不动产抵押贷款，实行了特别注册制度，并在 2010 年开始要求银行发布非常详细的抵押贷款信息。

以立法加强核心资本比率

为了稳定市场，表明政府对银行问题具有控制能力，西班牙政府实施了两项重要法律，以加强银行的核心资本比率。其中之一是 2011 年 2 月通过的 *Royal Decree - Law*，该法案于 3 月 10 日在国会获得通过。根据这一法案，西班牙的金融机构基本核心资产比率必须达到 8% ~ 10% 的水平。随后，2011 年 3 月，西班牙中央银行就根据新法案公布了需要增加核心资本的金融机构的名单。

银行对外国主权债务风险暴露有限

西班牙银行对欧元区重债务国的贷款占其总资产的比例非常小。到 2010 年 12 月，西班牙对外国主权债务的风险暴露占其银行资产的 6.91%。其中，对希腊为 0.01%，对爱尔兰为 0%，对意大利为 0.22%，对葡萄牙为 0.16%。主权债务危机对西班牙银行业影响相对间接。

（四）以美国为代表的外部主权债券市场的混乱也影响到欧洲主权债券市场

美国围绕债务上限的政治争吵严重影响全球债券市场的稳定，使投资者转移投资重点，转向其他投资市场和转向信誉程度较高的债券。虽然美国在最后时刻就债务上限达成妥协，但关于美国中长期债务问题的质疑一直没有停息。外部债券市场的动荡将进一步分流欧洲重债国家主权债券市场的资金需求。

第三节　欧债危机对欧洲经货联盟的影响及
危机管理机制构建

欧债危机暴露了欧元区内部财政和经济政策协调的重大缺陷，对欧洲经货联盟的顺利运行产生了巨大冲击。为应对欧债危机，欧洲经货联盟在短期内发展和建立了一套危机应对机制。

一　欧债危机对欧洲经货联盟的影响

（一）欧债危机使欧洲发展模式进一步向社会市场经济模式靠拢

由于受到国际金融危机的影响，2009 年欧元区国家普遍出现财政赤字占 GDP 比例超过 3% 的状况。仔细考察可以发现，存在两组不同的国家。一组是当下被称为"欧猪"（PIIGS）的南欧五国，财政赤字占 GDP 的比例严重超标：希腊 13.6%，爱尔兰 14.3%，西班牙 11.2%，葡萄牙 9.4%，意大利 5.3%。另一组为欧洲大陆和北欧国家，财政状况相对较好，财政赤字占 GDP 的比例较低：卢森堡 0.7%，芬兰 2.2%，德国 3.3%，奥地利 3.4%，荷兰 5.3%，丹麦 2.7%，瑞典 0.5%；只有财政赤字占 GDP 的 6.0% 的比利时和 7.5% 的法国状况稍差。① 出现这种分野并非偶然，这是与这两组国家的经济社会发展模式特点密切相关的。

以德国为首的欧洲大陆国家采取的是社会市场经济模式，强调稳定和凝聚导向的宏观经济政策，这也是欧洲经济货币联盟的主导经济模式。欧洲联盟条约中规定了欧洲中央银行的独立地位和限定了以稳定货币为首要目标的共同货币政策。财政政策虽然仍然保留在成员国政府手中，但是受到《稳定与增长公约》的纪律制约，其实质就是为稳定的货币政策服务。德国和北欧福利国家一直执行审慎、健康的财政政策，在经济周期上升阶段努力削减赤字甚至达到财政盈余，从而在经济衰退时为财政自动稳定器

① "EuroStat Newsrelease, EuroIndicators", No. 55, April 2010; also see European Commission, "European Economic Forecast – Spring 2010", *European Economy*, No. 2, 2010.

发挥作用和推出财政刺激措施留下了充裕的回旋空间。

而南欧国家近年来受美英的新自由主义经济政策的影响,宏观经济政策组合以推动经济增长为唯一目标,不仅政府通过财政赤字来刺激经济发展,而且银行大量运用金融衍生工具吸引低廉资本金的流入。这种策略在过去10年低利率的环境中较为有效,也带来了较高的经济增长率,但连年的财政赤字累积起过高的政府债务,在经济危机的冲击下终于引发了严重的信用危机。采取自由市场经济模式的美国和英国,2009年政府财政赤字占GDP比例分别达到11.3%和12.1%,也佐证了南欧国家的超高赤字是这一模式发展的必然结果。

随着南欧国家相继陷入主权债务危机,德国等国家要求南欧国家作出一系列的经济调整,对南欧国家的调整方向注入了强烈的德国色彩。[1]

(二)　欧债危机使欧洲过高的社会福利制度面临重大调整

二战以来,欧洲以及其他发达经济体不止一次面临严重的经济危机和财政危机冲击,但从来没有人怀疑发达经济体会走向国家破产和违约的道路。投机活动或者国家违约的假设均瞄准的是实力弱小的发展中国家。当前,欧洲边缘国家却成为国家破产的怀疑目标。这种角色变换固然是一种信心危机,但信心和预期的判断都和现实状况密不可分。因此,从深层次看,欧债危机暴露的是,国际格局大变革之下的欧盟生存危机。过去10年既是全球化大发展的10年,也是国际力量对比发生微妙变化的10年。与新兴国家相比,欧盟乃至整个发达经济体在过去10年都呈现一种增长颓势。过去10年出现了以下几个显著特点。

第一,资本的流动日益不受国界约束,不断地向能够最小化成本的地区流动。

第二,新兴国家抓住了全球化的机遇,实行了一系列改革以增强对资本的吸引力,实现了经济的快速发展。

第三,国际金融危机前,美国、欧洲等发达经济体依靠金融资本的增

---

[1]　中国社会科学院欧洲研究所课题组:《希腊主权债务危机的由来及其对中国的影响》,《欧洲研究》2010年第4期。

长方式取得了虚假繁荣，危机到来后，这种增长方式迅速破灭，至今没有找到新的经济增长支撑点。

这种情况直接反映的是，发达经济体与新兴经济体的竞争力差距在持续缩小。竞争力的缩小意味着原来的实力平衡被逐渐打破，发达经济体原有的增长模式必须作出调整以适应新的情况，否则就会出现问题。这直接导致市场对发达经济体的信心减弱，而欧洲是发达经济体中异质性最大的区域集团。欧洲在过去10年作出了一些调整，但整体而言调整的过程十分缓慢。欧洲过去10年的"里斯本战略"最终以失败告终。欧洲在发达经济体中表现最为脆弱，因此，欧债危机成为这种信心减弱或者是形势变化的第一轮表现。

欧洲过高的社会福利制度是导致欧洲竞争力下降的重要原因之一。因此，欧债危机对欧洲过高的社会福利模式产生了严峻的挑战。欧盟各国开始的财政巩固计划包含了压缩福利开支的多项举措。

欧盟国家的财政紧缩计划几乎无一例外地将削减的矛头对准国民的既得利益，对准他们早已习以为常的高工资高福利。

德国的财政紧缩措施除了削减军费、让公务员队伍自然减员、取消公务人员圣诞节补贴、征收金融交易税以外，就是大幅提高医疗保险金缴纳比例（从现在占工资的14.9%提高到15.5%）、大幅削减社会福利开支，甚至要通过修改法律来减少对失业者的救济，取消失业者特殊补贴，迫使失业者回到工作岗位。

英国的《紧急预算案》除了冻结公职人员工资和开征银行税、增值税等措施以外，主要目标之一就是将法定退休年龄推迟到66岁，借此削减社会保障开支，并且通过更加严厉的措施迫使"单身母亲和50岁以上的人重新回到劳动力市场"。

为了得到欧盟和国际货币基金组织的救助，希腊承诺采取严格的财政紧缩措施，将法定退休年龄延长到65岁，并且自2020年以后每3年根据预期寿命自动延长退休年龄，自2015年起将缴纳养老金的年限从37年延长到40年。在劳动力市场方面采取了降低劳工标准的措施：将新工人的试用期从1个月延长到12个月，降低21岁以下青年工人的最低工资，使解雇工人更加容易，缩小白领和蓝领工人的工资差。

其他国家的紧缩思路大体相仿：西班牙政府采取的措施包括每年裁减约 1.3 万名公务员，将增值税税率从 16％ 提高到 18％，将退休年龄从 65 岁延长至 67 岁。爱尔兰政府从 2009 年 2 月起就开始增加税收，此后又实行公务员减薪政策，降低社会保障津贴，压缩公共开支和公共投资建设。葡萄牙政府的措施包括冻结公务员工资、降低社会保险支出、压缩公共投资项目、实行私有化等。意大利政府大举压缩医疗卫生部门开支，法国考虑进一步延长退休年龄，卢森堡政府也宣布限制公务员的薪金。

所有这些紧缩措施都是欧盟各国政府多年来想做而不敢做的。之所以想做，是因为欧洲民族福利国家的过度发展使这些国家超过半数的公共开支都被锁定在社会保障和社会福利等社会再分配领域里，政府的社会支出远远大于经济、外交和国防开支，削减公共开支不可能不触及这些社会开支。20 世纪 70 年代后期欧洲出现滞胀以后，英国于 20 世纪 80 年代率先通过"撒切尔革命"实现了削减，此后欧洲大陆各国开始了漫长、曲折而沉重的削减跋涉，不过欧洲选民总是能够用他们的选票成功地指挥他们的政府继续增加而不是削减福利。之所以不敢做，是因为很多国家的领导人因为不成功的削减计划而被迫提前退出政治舞台。法国前总理德维尔潘为激活劳动力市场、创造更多就业，提出了延长青年工人试用期的政策，结果被迫提前退职，另一位法国前总理朱佩也是因为一揽子社会保障削减政策闯关不成功而下台。

因此，欧洲的难题不仅来自货币政策和财政政策的不对称不平衡，更是由于财政政策的制定受到国内政治制度的制约。统一的大市场和分立的政治决策程序之间的不协调使得任何适应大市场发展需要的变革都会被民族国家层面的政党政治所绑架，每项理性的削减计划都可能因为在野党的反对而止步不前，福利削减和社会保障改革成为多数欧盟国家的头号内政难题。

面对欧洲工会组织和各国反对党的集体抗议，欧盟委员会和各成员国政府形成了空前默契与共识。欧盟委员会主席巴罗佐说，经济增长是关键，欧盟各国只有下定决心整顿公共财政，才能使市场重新建立对欧洲经济增长的信心，从而恢复增长，创造更多的就业。德国总理默克尔说，失业保险改革也许会使失业者面对更大的生活压力，但也会让他们更加积极地去寻找工作，从而减少失业率。德国实施财政紧缩政策，不仅是要严明欧盟的财政预算纪律，而且是要恢复人们对欧元的信心。

2010 年 6 月 17 日，欧盟在布鲁塞尔举行夏季首脑会议。与会领导人决定进一步严明财政纪律，在尊重各国预算主权的前提下，由欧盟委员会出面评议成员国的预算方案，然后再付诸各国议会表决通过，对违反欧盟财政纪律的成员国将严惩。欧盟首脑会议还正式通过了欧盟未来 10 年的发展战略《欧盟 2020 战略》，提出以知识和创新为基础的"智慧增长"，建立在提高资源利用率和绿色技术基础上的"可持续增长"，以及实现经济、社会和地区融合的"包容性增长"。为了实现具有"欧洲特色"的增长，欧盟设立了许多具体目标，例如就业率从 69% 增长到 73%、提高妇女和高龄者就业率、吸纳移民加入劳动力市场，研发投入增加到占 GDP 的 3%，未完成基础教育人数比例从 15% 降到 10% 以下，贫困人口削减 25%，等等。显然，要达到这些目标，需要将社会投资从注重社会再分配转向积极的就业政策、教育政策和研发政策。

《欧盟 2020 战略》是 2000 年欧盟《里斯本战略》的延续和发展。当时的欧盟和各成员国领导人就已经在为欧洲发展战略而煞费苦心。他们知道，不可阻挡的全球化挑战留给他们采取应对措施的时间不多，但各国政府仍然在福利陷阱中难以伸展。他们借《里斯本战略》提出，欧洲需要采取更具活力的经济政策，矛头直指欧洲福利国家的高标准。2000 战略和 2020 战略都要求释放市场力量，允许市场在配置资源时发挥更大的作用；都要求激活社会政策，使居民为未来的就业做好知识和技能准备。不同的是 2000 战略更强调通过社会对话达成社会共识，而 2020 战略则更强调经济社会和环境的融合，更突出欧盟的领导作用。

债务危机为欧盟解决经济发展的政治问题提供了一个契机，欧盟和各国的政府认为，只要团结一致、协调行动、齐头并进，就有可能实施一直都想实施，但因遭到国内政治势力剧烈反对而无法推进的政策。在债务危机面前，越来越多的欧洲人感到，他们除了共同对公共开支进行重大调整，有效提高生产力和竞争力以外，别无退路。①

---

① http://ies.cass.cn/Article/cbw/ozjj/201008/2864.asp.

（三）长期来看，欧债危机有助于欧洲一体化向前推进，加深财政统一程度

虽然欧债危机对欧洲经货联盟冲击很大，但欧元崩溃的可能性依然很小。从经济层面看，欧盟核心国家和边缘国家均从统一的欧元区受益，而且退出成本巨大。作为欧元区最大的受益者，德国出口在统一的货币情况下在欧元区内畅行无阻，而且依赖软弱的币值加大了对区外的出口能力；希腊等边缘国家退出欧元区并不意味着债务的消失，而且还会带来资本外逃、银行危机和通货膨胀，退出成本巨大。从政治层面看，欧元区是一体化建设的最大成果，欧元区的崩溃意味着欧洲一体化的重大倒退，严重削弱欧洲参与世界格局竞争的能力。因此，欧元区崩溃必然不会成为法、德等欧元区国家的选择，他们必定会采取措施度过危机。这将有助于欧洲的整合，加深财政统一程度。

第一，欧盟努力做实救助机制，建设金融防火墙。欧盟自 2010 年 5 月创设欧洲金融稳定工具（4400 亿欧元）和欧洲金融稳定机制（600 亿欧元）以来，在欧债危机的压力下不停地采取措施扩充其权能和增加可有效利用的资金。欧盟将稳定机制从维护市场信心的一种象征性工具逐渐落实为能够提供真金白银的永久性机构。

第二，欧盟严明财政纪律，部分转让财政权力。2011 年 12 月 9 日提出的《财政契约》蓝图中规定，欧盟成员国必须将债务刹车（结构性预算赤字占 GDP 比例不能超过 0.5%）写入法律，并且对违反《稳定与增长公约》过度财政赤字程序的成员国实行自动惩罚，罚款金额可达 GDP 的 0.2%。除非特定多数国家反对惩罚，那么违反纪律的国家才能够免于惩罚。另外，欧洲学期的实施，将各成员国的预算在各成员国议会通过之前提交欧盟层面审核，避免出现预算超支的情况。

第三，欧盟加强了劳动力市场改革等一系列结构改革政策的协调。欧盟引入了预防和纠正欧元区内部宏观经济不平衡的新规则。过度不平衡程序是欧盟经济监管框架的一个新创造。它包含一个由一系列经济指标组成的评分表，此评分表定期用以对欧元区内部经济不平衡进行评估。对那些拥有严重的不平衡或其不平衡对整个经货联盟运行有严重影响的成员国，

欧洲理事会将采纳欧委会的建议并启动过度不平衡程序，对不能按期纠正的成员国进行处罚。这些程序将极大地促进欧元区内部劳动力市场改革政策等结构政策的优化和执行。

从成员国层面看，法国、德国、意大利和希腊等国家均加强了经济政策的协调，共同渡过难关。债务状况不好的国家在德国、法国等国家的强大压力下紧缩财政和调整经济结构，提高长期经济竞争力。另外，虽然欧洲各成员国均出现了政局更替，但是新上台的领导人都表现出了支持欧洲一体化的强烈意愿，尤其是意大利和希腊还出现了具有泛欧背景的领导人。虽然英国出现了一定的疑欧情绪，但绝大部分国家一体化的理念在危机中普遍得到了加强。

各个成员国在互相妥协中推动欧洲一体化不断前进，形成了一种不进则退的局面。比如，德国提出了加强财政监管和惩罚以及敦促南欧国家进行财政和结构改革的条件。在南欧国家逐步接受这些条件后，也开始提供资金满足其建设金融防火墙的需求。法德两国提出的建设财政联盟的构想就采取了政府间协议的方式进行，希望但并不要求所有的成员国都参加，而是采取一种多速欧洲的形式加以推进。如果各成员国不参加，那么就只能被边缘化，抛在一体化快车的后面。

长期来看，短期难以实现的欧元区共同债券和欧洲中央银行"最后贷款人"身份在欧盟财政联盟建设得到加强后也将逐步得到实现。①

二　欧洲创设的欧盟层面的危机应对机制

由于欧盟超国家层面特殊治理形式，欧盟在主权债务危机爆发后采取了包括引入欧央行的干预机制等一系列举措，其中最为引人瞩目的就是创设了欧盟层面的稳定机制。

（一）逐步建立欧洲稳定机制（European Stabilization Mechanism）

欧洲稳定机制的前身是欧洲金融稳定机制和工具。为救助深陷债务危机的希腊，欧盟建立了欧洲金融稳定机制（European Financial Stabilization

---

① http://ies.cass.cn/Article/sdtl/201202/4761.asp.

Mechanism）和欧洲金融稳定工具（European Financial Stability Facility）。

2010 年 5 月 9 日，欧洲金融稳定工具和欧洲金融稳定机制的倡议被批准，旨在维系欧洲金融体系的稳定性。欧洲金融稳定工具是一个特别目的机构（Special Purpose Vehicle，SPV），资金由欧元区成员国承担，向陷入危机的成员国提供支持。需要指出的是，与欧洲金融稳定机制不同，特别目的机构只向欧元区成员国提供贷款。

欧洲金融稳定工具在 2010 年 6 月 7 日以有限责任公司的形式正式建立，总部位于卢森堡，直到 2010 年 8 月 4 日才开始全面运行。欧洲投资银行通过服务合同向其提供债券管理服务和行政支持。

欧洲金融稳定工具以发行债券的形式向国际金融市场筹集资金，金额最高可达 4400 亿欧元。欧洲金融稳定工具所筹集的资金由欧元区成员国按照其在欧洲中央银行的出资比例进行担保。此外，国际货币基金组织也可以参与贷款的提供，金额最高可为 2500 亿欧元。欧洲金融稳定工具被标准普尔和惠誉授予 AAA 评级，被穆迪授予 AAa 评级。

此后，欧洲金融稳定工具被赋予了更多的干预权限。比如在一定条件下可以在一级市场和二级市场上购买债券。当前，关于 EFSF 金额和权能的讨论仍在继续，EFSF 有可能发挥更大的作用。

原则上，欧洲金融稳定工具是一个临时性机构，已经在 2015 年 6 月 30 日到期，但因为还存在未收回的贷款，欧洲金融稳定工具还未关闭。

欧元区成员国只有在无法从市场正常融资的情况下，才能够提出贷款请求。当成员国提出贷款请求后，欧盟委员会与成员国共同制订援助计划，欧洲中央银行和国际货币基金组织也会参与协商。协商大概需要花费 3 至 4 个星期的时间。援助草案出台之后将提交到欧元区集团进行讨论。一旦欧元区集团一致同意该草案，欧洲金融稳定工具将在几个工作日内从金融市场筹集资金，并按照草案向成员国拨付资金。

在评估援助计划时，欧元区集团授予欧盟委员会和欧洲中央银行一定的权力。第一，在欧元区集团批准了援助计划的备忘录后，欧盟委员会和欧洲中央银行代表其与受助国协商；第二，向欧元区集团提供贷款方案的建议；第三，评估受助国还款条件的满足情况。

欧洲金融稳定工具的首席执行官是克劳斯·雷格林（Klaus Regling）。

他曾经担任欧盟委员会经济和货币事务总司司长，也曾在国际货币基金组织和德国财政部工作。欧洲金融稳定工具的董事会由欧元区各个成员国派出的高级代表组成，欧盟委员会和欧洲中央银行可以向董事会各派出 1 名观察员。董事会的主席是托马斯·维塞尔（Thomas Wieser），他也是欧盟经济和金融委员会的主席。

2011 年 1 月 25 日，欧洲金融稳定工具发行了第一批次债券。这批债券时限 5 年，总额共计 50 亿欧元，作为爱尔兰救助计划的一部分。花旗、汇丰和法国兴业银行承接了这次债券发行工作。由于投资者表现出了强烈的购买欲望，这批债券总共的筹资成本约为总额的 2.89%。投资需求来自全世界的各种机构。

2010 年 5 月欧洲金融稳定工具建立之初，其总额为 4400 亿欧元，但实际可使用的有效资金仅 2500 亿欧元，再加上欧洲金融稳定机制的 600 亿欧元，共计 3100 亿欧元。一部分资金已投入爱尔兰和葡萄牙的救助计划中。假如意大利和西班牙爆发危机，现有金额显然不能满足需要。此后经过多次讨论，欧洲金融稳定工具不断扩容升级。首先，扩大担保资本总额，使 EFSF 的有效融资能力上升为 4400 亿欧元，并且提出以杠杆化的方式使可利用资金再扩大，扩大后的融资能力可能突破万亿欧元。其次，除了贷款以外，欧洲金融稳定工具可以在一级、二级市场购买债券，进行托市，以此为手段逐渐替代欧洲中央银行购买重债国债券的计划。再次，必要时可以向欧洲金融机构提供资金，确保欧洲金融业的稳定。最后，重新安排援助贷款偿付期限和利率设定。将第二轮希腊救助贷款的期限从 7.5 年延长至最低 15 年，最长可为 30 年且宽限期为 10 年，利率降至 3.5%。希腊贷款的期限和利率也应用于对爱尔兰和葡萄牙的贷款。[1]

欧洲金融稳定工具有别于欧洲金融稳定机制，它们的区别主要有以下方面。①欧洲金融稳定机制是欧盟层面的稳定机制，而欧洲金融稳定工具是基于欧元区成员国之间的稳定机制，这是它们的最大区别。欧盟用其自有财政资金为欧洲金融稳定机制担保，而欧洲金融稳定工具则是由成员国出资担保。因此，欧盟在欧洲金融稳定机制的运作上发挥主导作用，而各

---

[1]　熊厚：《主权债务危机下的欧洲财政改革》，《国际问题研究》2011 年第 5 期。

成员国对欧洲金融稳定工具的决策影响较大。②欧洲金融稳定工具的金额比欧洲金融稳定机制高。欧洲金融稳定工具经过扩容后有效使用资金为4400亿欧元，远高于欧洲金融稳定机制的600亿欧元。③欧洲金融稳定工具经过扩容后，业务范围比欧洲金融稳定机制更加广泛。欧洲金融稳定机制一般通过发行债券的方式筹集稳定资金。除了发行债券筹资，欧洲金融稳定工具在一定条件下可以在一级和二级市场上购买问题国家债券稳定市场，还可以支持相关金融机构的稳定。④欧盟任一成员国均可申请欧洲金融稳定机制的资金支持，而仅有欧元区成员国才有资格申请欧洲金融稳定工具的资金支持。

欧洲金融稳定工具只是一个临时性的特别目的机构，但随着欧债危机的愈演愈烈，完结之日遥遥无期，同时一个接一个的成员国申请救助，欧盟觉得有必要建立一个常设性的危机应对机制。在这种情况下，欧洲稳定机制的建设被提上了欧盟的议事日程。2010年10月，欧洲理事会同意建立一个永久的危机管理机制以保证欧元区的稳定性。2011年3月，欧洲理事会正式通过了建立欧洲稳定机制的决议，将其作为应对危机一揽子措施中的一项举措。这导致了对《欧洲联盟运行条约》相关条款的修改，即在第136条中新增了第3款："如果对于确保欧元区作为一个整体非常重要，其货币为欧元的成员国可以建立有效的稳定机制。在该机制之下，提供任何所要求的金融援助都将受严格条件的约束。"

2012年2月2日，欧元区成员国签订了《建立欧洲稳定机制条约》。在所有欧元区成员国完成内部批准程序之后，2012年9月27日《建立欧洲稳定机制条约》正式生效。这个位于卢森堡的常设机构从2013年7月起完全取代EFSF和EFSM，在严格的条件下为求援国提供金融援助和稳定支持，其资本金为7000亿欧元，每股为10万欧元，分为700万股。① 欧元区成员国已经缴存了800亿欧元的资本金，剩下的6200亿欧元作为待缴资本金。目前已缴存的资本金使得欧洲稳定机制已经具备5000亿欧元的借贷能力。

欧洲稳定机制的金融救助将在成员国向该机制的董事会提出救助申请后正式启动。欧洲稳定机制的救助手段有：一是向面临金融困难的成员国

---

① http://ies.cass.cn/Article/cbw/ozfl/201310/7539.asp.

提供贷款；二是对一级和二级债券市场进行干预；三是实施预先防范项目；四是向成员国政府提供贷款，支持他们重组金融机构。每一项措施都有相应的救助条件，成员国和欧委会、欧洲中央银行一起讨论救助条件以及如何监督成员国按照这些条件逐步实现金融稳定的程序。欧洲稳定机制为所有参加成员带来了实质性好处，可以为陷入融资困难的成员国提供迅速和及时的帮助，而且欧洲稳定机制提供的救助不会被统计进成员国的财政数据里。[1]

欧洲中央银行也要参加欧洲稳定机制的业务。欧洲中央银行将和欧委会、国际金融组织一起评估是否存在影响欧元区整体性的风险，欧洲中央银行会给债务持续性的分析。欧洲稳定机制在一级和二级债券市场的干预要以这个分析报告为基础。欧洲中央银行也会与欧盟委员会、国际货币基金组织、受援国共同讨论针对受援国的宏观经济调整项目，并参与监督调整项目的实施。而且，在 2011 年 12 月，欧洲中央银行还作为欧洲稳定机制在二级债券市场的代理机构进行购债。

（二）通过欧央行向欧元区层面提供流动性支持

欧央行一方面通过在二级市场购买政府债券进行托市，降低受困国家的融资成本；另一方面，欧央行通过提供各种流动性支持欧元区银行。这既减轻了各成员国政府支持和担保银行的负担，也增加了银行对政府债券的购买和风险防范能力。

欧债危机爆发后，欧洲中央银行陆续出台了三项危机管理举措，即证券市场购买计划（Security Market Programme，SMP）、长期再融资操作（Longer – term Refinancing Operation，LTRO）和直接货币交易（Outright Monetary Transactions，OMT），其中影响最大、效果最明显的就是直接货币交易。

2010 年上半年，欧债危机急剧恶化，希腊、葡萄牙等重债国国债收益率大幅上升。为稳定金融市场，欧央行推出了债券市场购买计划，购买欧元区的政府债券和合格的市场化私人债务工具。为了满足不向欧元区政府

---

[1] http：//ec. europa. eu/economy_ finance/assistance_ eu_ ms/intergovernmental_ support/index_ en. htm.

融资的法律规定，并区别于量化宽松政策，该买入操作通过每周进行的定期存款工具对冲注入的流动性，确保不会对现有的以及未来的流动性状况产生影响。截至 2012 年 3 月 30 日，欧央行买入政府债券数量达 2142 亿欧元。但是，欧央行的证券市场计划并未能有效控制欧债危机的发展蔓延。2011 年下半年，重债国国债收益率再度创下近年来新高，欧债危机开始向核心国家和银行体系传导蔓延。在此背景之下，欧央行将长期再融资操作的贷款期限从 3 个月延展到 3 年，将定量招投标改为无限量供给，以期稳定金融市场。欧央行于 2011 年 12 月 21 日和 2012 年 2 月 29 日实施了两轮无限量的长期再融资操作，共向市场注入了 10185 亿欧元的流动性。通过这两轮操作，欧元区银行补充了 3 年内所需的流动性，短期内银行危机爆发的可能性大幅降低。同时银行将部分现金用于购买主权债，使欧元区主权债收益率显著下降，债务危机带来的紧张情绪得到了缓解。①

由于欧央行在实施这些措施时畏首畏尾，面临很多束缚和德国央行的极大反对，前两项举措没有消除市场预期欧元解体的重大系统性风险。由于受到银行危机和地方政府财政破产问题的拖累，西班牙主权债务问题自 2012 年第二季度以来迅速升级，国债收益率短期涨幅很大，市场融资压力剧增。西班牙被怀疑很可能步希腊、葡萄牙、爱尔兰申请欧盟救助的老路，形势十分危急。在此情况下，各种反危机主体均作出了反应。西班牙政府再次强调将进行财政紧缩和结构改革，减少财政赤字和恢复经济竞争力；欧洲金融稳定工具对西班牙部分银行进行了有限注资，提供了一定的援助。由于西班牙政府实施改革措施的软约束以及欧洲金融稳定工具救助金额十分有限，这些主体的反危机措施未能起到稳定债券市场的作用。短期内平抑危机的最后希望又落在欧洲中央银行身上。

在 2012 年 8 月进行政策吹风后，欧洲中央银行 9 月正式推出一项重要的反危机举措——直接货币交易。直接货币交易允许欧洲中央银行在一定条件下无限制地购买短期政府债券，是继欧洲中央银行长期再融资操作措施后的一项重要举措，短期内极大地稳定了欧洲国债市场。

直接货币交易的意义在于以下方面。

---

① http://cn.reuters.com/article/currenciesNews/idCNSB153893820120510.

（1）直接货币交易解决了欧央行干预正当性和当前各种救助机制资金不足的问题，提高了欧央行介入危机的自主权，并且提供了无限制的火力。与之前的证券市场计划（SMP）不同，欧洲中央银行利用直接货币交易工具可以自由地和名正言顺地进行干预，不再顾忌对其"为成员国财政提供直接融资"的指责。

（2）提供了一条不同于希腊、爱尔兰和葡萄牙救助的方式。直接货币交易设定了严格的条件，依然要求成员国向欧洲稳定机制（ESM）提出救助申请，接受欧洲稳定机制的改革条件。然而，融资主体和方式产生了变化。欧洲中央银行成为拥有无限救助能力的新主体，并且采用债券购买而不是提供贷款的救助方式。

（3）直接货币交易标的物为短期政府债券，为成员国的短期融资提供了坚实的保障。

（4）非优先偿还权有利于增强市场购买信心。在 OMT 法律地位方面，它将享受与私人债权人或其他债权人一样的待遇，减少了私人债权人对成员国进行债务减记的怀疑。

从各项危机管理举措的效应看，短期内平抑危机的最有效主体依然是欧洲中央银行，因为其拥有货币发行权。欧洲中央银行的短期反危机手段，不足以解决根本问题。欧央行提出直接货币交易的借口是欧债危机使货币政策传导出了问题，直接目的不是救助。直接货币交易是欧债危机的一种倒逼产物，是欧央行不得已而为之的手段。因此，欧央行并不会无条件地提供支持，而是将利用市场压力进一步压迫成员国改革。

三　成员国层面的紧缩改革

成员国改革在紧缩的财政取向下，各成员国依托稳定与趋同项目（Stability and Convergence Programme）和国家改革项目（National Reform Programme），以欧洲学期（European Semester）为进程，采取以下的方式落实。

第一，各成员国实行严格的财政支出削减政策。财政补贴、社会福利开支、公共部门雇员工资、政府购买的产品和服务以及政府的固定资产投资均组成了财政支出。回顾过去，欧洲主要采取了削减社会福利支出、减少政府购买的产品和服务以及降低公共部门雇员工资来实现，几乎没有减少政府固定资产投资。[1] 欧洲采取这种策略的原因是：削减社会福利开支和公共部门雇员工资有利于降低成本，增强经济活力；而采取削减政府消费、投资和补贴，很可能影响经济增长的前景。欧债危机中，欧洲采取的策略有所不同，在削减社会福利开支和公共部门雇员工资的同时，也一定程度地削减了政府消费、投资和补贴。以希腊为例，希腊 2010 年基本支出下降 10.7%，超出设定的 9.0% 的预期，其中，投资预算支出下降 12%，超出 11.3% 的削减目标。[2]

表 4-1　债务降低时期欧洲财政支出变动情况

单位:%

	债务大幅削减时期	债务温和削减时期	前两者的平均
政府债务占 GDP 的比例	-3.4	-2.3	-2.6
财政盈余占 GDP 的比例	4	2.3	2.8
财政支出占 GDP 的比例	-0.5	-0.2	-0.3
财政收入占 GDP 的比例	-0.1	0	0
真实 GDP 增长率	3.8	3.5	3.6
真实 GDP 趋势增长率	3.4	2.8	3

资料来源:Christiane Nickel, Philipp Rother and Lilli Zimmermann, "Major Public Debt Reductions: Lessons from the Past, Lessons for the Future", No. 1241, September 2010, ECB Working Paper Series, p. 17。

第二，各成员国结构性地提高了税率。税收收入是欧洲各国政府主要的财政收入，要大幅增加财政收入就必须普遍提高税率。然而，普遍增加税率不利于经济复苏。因此，欧洲没有采取普遍提高税率的做法。希腊在欧盟和国际货币基金组织的要求下，作出了增加财政收入的承诺，但实际上希腊 2010 年的财政收入增幅仅为 5.4%，低于原定 6% 的目标。回顾过去，欧洲人也不是靠提高税率增加财政收入来改善财政状况。欧洲在债务大幅削减的时期，其财政收入没有出现显著增长。各成员国实际采取的做法是，结构性地提高税率，尤其是调高间接税。

---

[1] Christiane Nickel, Philipp Rother and Lilli Zimmermann, "Major Public Debt Reductions: Lessons from the Past, Lessons for the Future", No. 1241, September 2010, ECB Working Paper Series, p. 24.

[2] http://www.fx678.com/C/20110110/201101101923511269.html.

第三，各成员国出售国有资产。各成员国政府手中不同程度地持有各类国有资产，尤其是国际金融危机后各国政府相继国有化了部分商业银行。希腊、意大利、西班牙、葡萄牙和爱尔兰已经采取了出售国有资产的办法。希腊正在实施规模宏大的国有资产出售计划，涵盖从博彩业至基建业的各个行业。其他国家也相继宣布，寻求本地以及外国投资者作为战略合作伙伴，购买国营铁路、自来水和电力公司以及国家电信公司的股份。在欧洲金融形势稳定后，各成员国政府持有的巨额金融资产将成为增加财政收入、减轻债务负担的重要砝码。

第四，对希腊、葡萄牙、爱尔兰等国家进行债务重组。债务重组包含以下层次。

（1）欧盟援助贷款偿付期限和利率设定的重新安排。自2010年末，欧盟、国际货币基金组织就开始和爱尔兰、希腊谈判。2010年10月，希腊总理乔治·帕潘德里欧就说："希腊延付欧盟和国际货币基金组织贷款的可能依然存在，希腊延期偿付援助贷款的议题已经摆在台面上。"2011年3月11日，欧元区首脑会议决定，将希腊的援助贷款利率下调1个百分点，另外使贷款的偿还期限提高为7.5年。2011年7月21日，欧元区峰会决定将第二轮希腊救助贷款的期限从7.5年延长至最低15年，最长可为30年且宽限期为10年，利率降至3.5%。同时希腊贷款的期限和利率也应用于对爱尔兰和葡萄牙的贷款。

（2）实行软性债务重组，一些债券投资者自愿延长问题国家的债券还款期限。2011年7月21日，欧元区会议通过的希腊第二轮救助方案包含私人投资者的参与，要求私人投资者贡献370亿欧元以解决希腊主权债务问题。作为债权人的私有银行将持有希腊国家主权债券直至到期，然后再购买新发行的国债实现展期。这种方案不会被归类为或被视作违约，对金融市场冲击最小。该方案不仅得到了很多欧洲国家的支持，也获得了欧洲中央银行的一定支持。此外，欧元区国家还将提供足够的资本重组希腊银行，以推动银行参与解决债务问题。

第五，加强经济治理，提高经济增长率，从而稀释债务比例。这是各成员国最希望看到的情况，但实施难度也最大。回顾过去，欧洲债务比例大幅下降的时期往往发生在欧洲经济增长较好的时候。危机中欧洲经济增长情况不容乐观，但也强化了欧洲推行削减财政支出等结构性政策促进增长的决心。同时，各成员国还签署了《欧元附加条约》，就增强经济竞争力、促进就业、巩固财政和维护金融稳定作出了原则性规定。

欧盟在 2020 战略的指导原则下提出了国家改革计划，将金融稳定、经常项目失衡、增长和就业的结构改革作为与财政改革配套的一揽子计划加以实施。

虽然欧洲在超国家和国家层面采取了一系列危机应对措施，有的还相当有效，但总体而言这种应对是被动而且不完善的。一方面，没有很好地掌握经济可持续增长和财政削减的平衡；另一方面，应对措施受国内政治约束，缓慢而被动。仅靠这种表面上或临时性的修修补补不能解决欧洲经货联盟运行中存在的结构性问题。欧洲经货联盟再次焕发生机需要一场大的转型与变革。

第五章
欧洲经货联盟的经济治理改革

在欧债危机的冲击下，欧洲经货联盟成员国和欧盟机构再也无法回避制度建设中的重大结构性问题，欧洲领导人开始抓住机会推进规模宏大的结构性改革，比如，对高福利的制度体系和僵化的劳动力市场进行改革，加强财政、预算政策协调机制以及强化金融监管等。从危机期间欧盟及其成员国领导人表达的政治意愿可以看出，欧洲经货联盟改革方向是明确的，要从货币联盟逐步发展成为银行联盟、财政联盟，逐渐做实经货联盟的经济支柱，打造名副其实的欧洲经济政府，为政治联盟建设筑下经济基础。为更好地推进改革，欧盟及其成员国甚至采用了极具争议的双速欧洲的药方，但受制于各种因素和众多的改革议题，欧洲经货联盟的转型之路十分艰难。

第一节　欧洲经货联盟的改革路线图

2008 年前，欧洲经货联盟的制度框架主要有三个方面：一是单一货币和单一货币政策的制度体系，欧洲中央银行是该体系的主导机构，货币领域的制度体系整合较好；二是对成员国预算政策的一些约束性规定，比如过度赤字程序、禁止向财政融资和不救助条款等；三是对经济政策的原则性指导意见，比如广泛经济政策指导大纲。除了货币领域的制度设计，预算等其他经济政策领域的规定并不完备，不完备性体现在两方面：一方面是规则存在软约束，应用性不强，既不能有效预防成员国违反规则的行为发生，也不能在违反规则后进行实质性处罚；另一方面是规则本身不完备，没有覆盖全部领域，比如没有足够重视成员国宏观经济失衡和竞争力问题。其实，在危机之前，欧盟就注意到这个问题，在欧委会关于经货联盟十年建设中的报告中提出了一些改革建议。国际金融危机的到来，尤其是欧债危机的爆发，大大加速了欧洲经货联盟的改革速度，加大了改革步伐和力度。

2012 年 6 月，欧盟理事会委托理事会主席范龙佩与委员会主席、欧元集团主席、欧洲中央银行一起研究未来欧洲经货联盟的改革路线图，提交了一份名为"迈向真正经货联盟"的报告，最后在年底形成了一份深化实质性经货联盟的路线图。这份报告覆盖的改革范围非常广阔，涵盖金融、财政、经济和政治领域。虽然报告并没有承认将把欧洲经货联盟导向一个欧洲合众国，但是报告所列目标全部实现的话需要建设一个强有力的政治联盟，合众国也就自然诞生了。由于报告给出的改革目标十分宏大，短期之内难以完全实现，报告提出了分为三个阶段实现经货联盟建设目标。[①]

一 第一阶段

第一阶段所需时间为 6 ~ 18 个月，主要的工作内容包括彻底执行"六项法案"（Six - pack）中提出的加强经济治理的新措施、通过"两项法案"（Two - pack）和银行业单一监管机制以及尽可能地在二级法的权限内制定更多的加强经济政策协调和克服宏观经济失衡、提升竞争力的结构改革政策。另外，要在欧盟跨年度预算框架内设置一个融资工具，作为欧洲经货联盟加强财政能力的最初的机构雏形，同时引入更多深入的一体化协调机制。欧盟加强财政能力的最初机构雏形下一步将以"趋同和竞争力工具"的形式出现。在单一监管机制通过后，着手制定单一清算机制。

（1）全面施行欧洲学期、六项法案以及迅速通过和执行两项法案。完善当前经济治理框架和全面落实该框架是欧盟最紧迫的任务。实行欧洲学

---

① European Commission, "A Blueprint for a Deep and Genuine EMU (launching a European debate)", Nov. 28, 2012.

期和六项法案最主要的目的是解决欧债危机中暴露的结构性问题。这包括了对《稳定与增长公约》的改革、创设宏观经济不平衡程序、引入国家财政框架的最低标准。这些措施相比以前的经济政策协调前进了一大步，要求在成员国层面进行更强的政策协调，尤其是对欧元区国家。这些措施必须要按照文本条款具体落实，才能够增强对经货联盟顺利运行的信心。在这些措施的基础上，欧委会又提出了两项法案，包含加强预算监管和有效稳定成员国的金融形势的重要措施。

（2）加强金融监管，引入单一规则和单一监管机制。2012 年 6 月 29 日的欧元区峰会传递了一个强烈的讯息，要打破银行危机和主权债务之间的恶性循环，消除影响欧洲经货联盟顺利运行的威胁。在峰会上，欧洲首脑达成了建立单一监管机制的共识，旨在克服金融分割和加强银行业的一体化监管，提升银行业监管的质量，恢复市场对欧元区国家银行监管的信心。

真正的经货联盟要求成员国共同分担银行部门的监管责任和危机干预成本。这才是打破银行危机和主权债务之间恶性循环的有效手段，并且能使跨境溢出效应最小化。

一体化的金融框架意味着逐渐向全面的银行联盟过渡。在这个过程中，采用一体化的监测和控制金融体系风险的工具体系非常必要。这套体系有利于减轻金融分割程度，大幅降低对银行危机进行财政干预的必要性，实现再平衡和促进增长。虽然部分指标工具需要进一步补充和完善，但是马上引入这套体系是十分必要的，可以产生立竿见影的效果。

2012 年 9 月 12 日，欧委会制订了逐步建设银行业联盟的计划。欧洲理事会、欧委会、欧元集团和欧洲中央银行的领导都原则上同意这个银行业联盟计划。

银行业联盟建设的第一步是建立单一监管机制，之后将建设单一清算机制。单一监管机制包含监管机构信息共享、共同的预防措施和在早期阶段解决问题的共同手段。为了恢复银行、投资者和国家公共机构的信心，监管需要遵循严格和客观的方式，不能产生模糊空间。

为了顺利建立单一监管机制，欧委会修改了 2010 年建立欧洲银行监管机构的法规，平衡了欧元区国家和非欧元区国家在该机制中的决策结构。在单一监管机制中，部分对欧元区国家银行和决定加入银行业联盟的非欧元区国家银行的监管权力转移到了泛欧层面。在这个框架，欧洲中央银行监管大部分银行联盟内的银行，银行联盟内要实行统一监管规则。欧洲银行监管机构将成为一个补充机构，在新框架下的作用是保证单一市场的完整性。

单一监管机制为欧洲稳定机制的运用开辟了道路。单一监管机制将为启动欧洲稳定机制提供决策依据，欧洲稳定机制可以直接参与问题银行重组，有利于打破银行危机和主权债务之间的恶性循环，进一步加强欧元区的整合。在处理问题银行时，存款人和市场参与者的信心非常重要。为了获得公众信任，还需要一个可信赖的单一清算体系和金融支持手段。现在重组问题银行的责任还由成员国受理，但单一清算机制建立后情况会发生一定改变，欧洲稳定机制也可能会向重组问题银行提供资金，尤其是那些失去市场融资能力的银行和因政府财政问题严重而无法得到政府救助的银行。

（3）建立和实行单一清算机制。银行联盟应有两个支柱，而不是仅有一个共同分担监管任务的单一监管机制。单一清算机制主要用于参加银行联盟的成员国银行的重组和清算。这个机制将由单独的机构管理，即欧洲清算机构（European Resolution Authority）。欧洲清算机构将负责银行清算和协调应用清算工具。单一清算机制比国家层面的清算机制更加有效，在行动速度和协调方面都有优势，尤其是对处理跨境银行集团的清算业务。单一清算机制能够统筹把握经济规模效应，避免以国家为中心的清算政策带来的负外部效应。

规划中的单一清算机制干预需要坚持几个原则：由于实行了严格的共同审慎规则和单一监管机制实施带来的监管协调水平的提高，清算的需要应该被降到最低；如果单一清算机制的干预确属必要，在外部援助资金授予问题银行前，问题银行股份的持有者和债券的债权人必须承担损失；用于清算的资金必须来自银行联盟内银行向该机制贡献的资金，不能使用纳税人的钱。

欧委会认为，一旦单一监管机制建立，可以通过修改二级法而不是修改条约的方式建立单一清算机制。

（4）出台下一个跨年度欧盟财政框架。欧盟 2014～2020 年的财政框架包含对促进欧盟层面投资、增长和就业的驱动因素。跨年度财政预算里面有共同战略框架，包含欧洲区域发展基金、欧洲社会基金、凝聚基金、农业和渔业基金。可以把这些基金的分配和使用与加强成员国结构改革联系起来，设定一些取得和使用的条件。

一是在要求实施相应项目的合同里加入欧委会想要施加的条件，比如解决过度赤字、宏观经济失衡以及其他促进增长和竞争力的手段。如果成员国不能满足这些条件，欧委会可以取消部分或全部项目资金。二是当成员国不能遵守经济治理程序要求的调整措施，欧委会可以取消部分或全部项目资金。

共同战略框架的基金项目要确保所有项目投资有助于解决成员国面临的结构性问题。

（5）加强主要改革措施的事前协调，建立趋同和竞争力工具。重要结构性改革的缓慢推进以及缺失使欧元区成员国的竞争力问题不断积累，损害了成员国的调整能力，使成员国在抵抗冲击时非常脆弱。在危机中，欧盟已经采取了一些措施，比如实施六项法案，但还需要进一步加强，特别是要加强政策的事前协调。在欧盟财政预算内建立一个趋同和竞争力工具是可行的办法，其主要理念是将经济政策一体化和金融支持结合，在增加责任和强化经济纪律的同时保持团结。

当前欧盟经济监管框架已经为经济政策协调提供了框架。这个框架有缺陷，无法系统地对成员国关于重要经济政策改革的国别计划进行事前协调。为此，欧委会提出以欧洲学期为载体，建设一个主要结构改革的事前协调框架，即趋同和竞争力工具。在这个工具内，成员国结构改革政策的实施将按照成员国和欧委会达成的合同协议实施，使用金融支持将作为协议的一部分。

新系统将建立在当前已有的欧盟监管框架上，即以宏观经济不平衡的预防和纠正程序为载体。这些协议由各成员国和欧委会协商，在欧元集团进行讨论并由欧委会和成员国共同宣布。对那些处于过度失衡程序的成员国，协议将是强制性的，在该程序下的纠正措施计划是成员国与欧委会协议的基础；对那些对宏观经济失衡需预防的成员国，参加趋同和竞争力工具是自愿行为，协议也和过度失衡程序中的相关文本类似。

协议规定以宏观经济失衡中的国别建议为基础，主要是集中在加强调节能力、竞争力和促进金融稳定，比如对欧洲经货联盟顺利运行有重要意义的指标。欧委会对成员国提供的协议规定初稿进行评估，一系列改革措施、衡量指标和执行时间表将包含在内。在获得成员国议会批准后，协议中将设定更多成员国承诺的具体执行措施。

协议中规定的改革措施将和一定的金融支持相配套，作为六项法案规定的措施的补充。金融支持有利于成员国克服改革的政治和经济阻力，及时改革和执行。通过促进加强成员国调整能力的结构改革，趋同和竞争力工具能提高成员国抵御非对称冲击的经济能力。

金融支持只授予已达成新协议而且对身处困境的成员国和欧洲经货联盟运行都有利的改革项目。金融支持将协助成员国的改革措施，尤其是那些遵守之前的国别政策建议、失衡状况严重和急迫的成员国。如果成员国未能遵守协议规定，金融支持有可能被停止。

金融支持应该被设计为对困难改革的融资支持。比如，旨在提高劳动力市场灵活性的培训项目就可以从趋同和竞争力工具获得部分融资支持。

为了实现金融支持机制，趋同和竞争力工具在原则上应作为欧盟预算的一部分。金融支持的资金既可以来自成员国的出资，也可以来自欧盟自身的收入。如果是成员国出资，只有参与出资的成员国才能够享受金融支持。趋同和竞争力工具的资金在开始阶段相对有限，但将逐渐增多。

（6）促进欧元区的投资。欧元区一方面要采取措施巩固财政，另一方面要为实现欧洲增长和就业的 2020 目标进行公共投资。欧盟财政框架为满足生产性公共投资需要和实现财政纪律提供了平衡。当讨论成员国财政形势时，公共投资是一个纳入考虑的因素。在一定条件下，对公共投资的开支可以不计入过度赤字。

在《稳定与增长公约》的预防机制中，公共投资被纳入了新支出的标准中，作为结构改革和实现中长期预算目标的调整措施的一部分。公共投资可采用一定时间的年均计算，以避免在某一个年份达到投资高峰而受到处罚。

欧委会正在探讨更多的将投资项目纳入稳定与趋同计划评估的预防机制的方法。在特定条件下，可以允许因投资项目产生的财政支出超过中期预算目标。这有可能在欧盟和成员国共同融资的项目中应用。

（7）加强欧元区的外部代表。在欧元区经济治理加强的基础上，欧元区的外部代表性也要加强，这在当前欧盟条约的框架下可以办到。这种外部代表性的加强既确保了欧元区的行为能力与经济体量相匹配，也反映了内部经济治理改变的成果。欧元区要在多边机构或事务和双边战略伙伴对话中发挥更加积极的作用。这将使得欧元区在经济和财政事务上的发声更加统一。

为了实现这些目标，需要尽可能地增强欧元区在国际经济和金融机构事务中的代表性。国际货币基金组织中的欧元区的代表性将是一个焦点，因为国际货币基金组织在当前的国际金融事务和全球经济治理中有重要地位。加强欧元区在国际货币基金组织中的代表性可以分为两个阶段。在第一阶段，国家组成要进行改变，让那些有可能加入欧元区的国家纳入欧元区国家组成。同时，欧元区要获得国际货币基金组织执行董事会的观察员地位。在第二阶段，在国际货币基金组织中只有一个单一席位，即欧元区席位。

二 第二阶段

第二阶段所需时间为 18～60 个月。中期来看，需要引入进一步的预算政策协调（包含修改或否决成员国预算的可能性），更深入的税收、就业领域政策协调，为欧洲经货联盟支持的政策执行创造适当的财政能力。为实现这些目标，有可能修改欧盟条约。中期阶段需要实现两项重要措施。一是建立偿债基金，大幅减少超过《稳定与增长公约》规定的公共债务。二是欧元区国家共同发行 1～2 年期的短期政府债券，促进欧元区金融市场一体化和稳定脆弱的政府债务市场。上述两个计划均需要对欧盟条约进行修改。

（1）修改欧盟条约，加强预算和经济一体化。第一阶段实行的改革虽然增强了欧洲经货联盟的经济政策协调，但要抵御更为复杂的金融风险还是不够，需要进一步加深协调，确保能够共同控制成员国的预算政策。进一步加强预算和经济政策协调时要考虑以下几点。

一是如果欧盟层面对严重违背预算纪律的成员国发出要求，成员国有责任修改国家预算草案。现在的两项法案中有非强制性的类似规定，需要把这种规定变为强制性。

二是在两项法案中建立的更严格的监管和协调过程的基础上，当成员国预算执行严重偏离了欧盟层面的预算巩固路径，欧盟层面有权力要求修改具体的预算执行。

三是赋予欧盟层面明确的权能，协调成员国的预算法律，与《财政契约》保持一致，并在成员国不遵守规定时让欧洲法院进行裁决。

对经济政策来讲，税收政策能够支持经济政策协调和促进增长与财政巩固。未来可以考虑改变条约，为欧元区国家在这一领域加强协调的立法创造空间。另外要考虑的领域就是劳动力市场，因为劳动力市场的顺利运行尤其是劳动力的自由流动对欧元区的增长和危机调节能力的发挥十分重要。

在欧洲经货联盟治理框架内，就业和社会政策的协调、监管和趋同应该得到加强。当前的广泛经济政策指导大纲和就业指导大纲应该整合为一个政策，加强它们的约束效力。

（2）适当增强欧元区的财政能力。在主要结构改革政策事前协调与趋同和竞争力工具顺利实施经验的基础上，建立欧元区国家共同支撑的财政能力。欧元区国家对这个财政手段享有自主决定权，因为资金来源于欧元区国家的贡献。这样的财政能力可以帮助经济规模较大的问题国家实行结构改革。

（3）建立偿债基金。为应对欧债危机，德国经济专家理事会（German Council of Economic Experts）提出了建立欧洲偿债基金（European Redemption Fund），作为欧元区国家削减债务的策略。欧洲偿债基金的构想是提供一个使欧元区国家公共债务回到可持续发展水平的框架，在这个框架内成员国作出更多财政治理承诺以换取融资成本的降低。成员国的公共债务将分为两部分：一部分是占 GDP 60% 的债务，这部分债务作为各个成员国自己融资的范围；另一部分是超过 GDP 60% 的那部分债务，这部分债务将被整合进偿债基金，由偿债基金通过发行债券来筹集资金，成员国被要求在一段时间后自动偿还这部分债务（比如 25 年后）。为了提高偿债基金发行债券的吸引力，要求欧元区成员国联合对债券进行担保。联合担保有利于降低债券的发行成本。每个成员国的还债程序必须十分精确和透明。

（4）发行欧元债券。在欧元引入后至欧债危机爆发前的时期，欧元区各成员国发行的政府债券收益率十分接近，但是这种状况随着欧债危机的到来发生明显改变，政府信誉较差的成员国和信用程度好的国家发行的债券利差扩大。这对问题国家公共财政可持续性造成很大影响，也使持有大量问题国家政府债券的银行受到冲击，尤其是问题国家的银行。银行所处的国家成为影响融资成本的重要因素，问题国家银行的举债成本升高了。这使得欧元区内金融一体化程度受到影响，金融市场分割问题加重。金融市场分割使欧洲中央银行的单一货币政策的传导机制受到影响，欧洲中央银行的指导利率对各个成员国的适用性降低。

在这种情况下，一些人主张发行欧元区层面的公共债券，提出了欧元债券。欧元债券指以整个欧元区成员国作为信用担保发行的期限为 1～2 年的短期政府债券。欧元债券有助于减少当前公共债券的分割程度，减缓主权债务和银行危机之间的恶性循环，同时控制道德风险。另外，它还有助于提高单一货币政策的传导效应。欧元债券还有利于建设欧元区金融市场，因为它提供了一个更大和更融合的短期欧元区债券市场。由于以整个欧元区信誉作为担保，欧元债券的信用程度较高，能够为欧元区国家提供相对稳定的资金供应，也为欧元区的金融机构提供了一种相对安全的投资资产，有利于加强欧元区的金融稳定。欧元债券可以作为欧洲偿债基金的补充。

发行欧元债券必须要控制道德风险，即欧元债券发行的重要条件就是成员国进一步加强财政协调和严格遵守财政纪律。

三　第三阶段

第三阶段指 60 个月后的长期经货联盟建设任务，主要内容有建设全面的银行联盟、财政联盟和经济联盟。真正建成这些联盟需要合适的具有民主合法性和责任性的决策机制，需要对现在的联盟条约进行一系列重大修改。

（1）建设全面的银行联盟。长期来看，欧元区非常需要一个全面的银行联盟。使用统一的监管手册、应用欧洲银行监管机构制定的统一标准以及由欧洲中央银行直接监管对保障欧元区银行的监管质量非常重要。结合欧元区层面的宏观审慎监管工具，需要有一个监管和控制宏观和微观层面风险的有效系统。这个监管系统和统一的银行清算系统，再结合各成员国有效和实在的存款保险计划，将有利于欧元区银行稳健经营，增加市场投资者对欧元区可持续性的信心。为了进一步加强信心，还需要一个信誉度高的金融产品，这可以通过发行欧元区层面的安全的政府债券来实现，但总的来说，建设全面银行联盟是所有任务中的一个关键环节。

（2）建设全面的财政和经济联盟。建成全面的财政和经济联盟是欧洲经货联盟建设的最后阶段。要完成最后的任务，需要一个真正的政治联盟。在联盟层面，联盟机构掌握足够的权力，有作为政治联盟预算能力象征的欧元区层面的中央预算，还有在特定和明确的情况下向成员国施加预算和经济决策的权力。中央预算的大小取决于一体化的程度和成员国愿意上交的权力大小。这样的一体化程度将为发行以整体信用为担保的稳定债券创造条件。当前，欧洲经货联盟最大的弊端是缺乏联盟层面的中央预算，因而也就缺乏足够的稳定手段。

当前欧洲经货联盟主要以基于一定协调规则的分散化的成员国财政政策为框架。财政政策的稳定功能只能靠成员国层面的财政政策来实现，但是成员国财政政策的协调规则有很多不足。关于欧洲经货联盟，传统观点认为它有三大职责：一是成员国能够通过财政调节控制风险，二是确保价格稳定的单一货币政策，三是稳定经货联盟层面宏观经济形势的财政调节能力。前两方面已经具备，最后一项还需要发展。

经货联盟层面的稳定工具有利于抵御非对称冲击，促进经济一体化和趋同以及避免长期的转移支付。欧洲经货联盟拥有稳定工具是成为实质性经货联盟的重要象征。欧洲经货联盟稳定工具必须严格用于解决短期非对称冲击和经济周期性波动问题，要坚决避免永久性转移。这需要结合结构改革和严格的避免道德风险的政治条件。

共同的宏观经济稳定工具将为成员国提供应对超越单个国家层面的经济冲击风险的保险系统，减少成员国收入波动。另外，它将帮助成员国提高经济周期不同阶段的财政政策实施能力。它可以鼓励成员国在经济景气时节制财政开销，为经济下行时留出更多的财政稳定空间。相比目前经货联盟的安排，共同稳定工具的引入将获得正效益。

根据设计，共同稳定工具主要针对非对称冲击和减缓欧元区面临的共同冲击。就第二项风险来说，充足的财政信用度和能力非常关键，应对共同不利冲击的能力可通过提高危机时期的借款能力来获得，这也要求在经济景气时候获得更多的盈余。中央预算可被赋予发行债券筹集资金的能力。然而，货币政策仍被作为解决共同冲击的主要工具。

总的来说，这个改革路线图的设计思路延续了欧盟传统的三段论的理念，分为近期、中期和远期的改革阶段，提出了各个阶段的主要改革任务和实现改革所需的条件。也许改革路线图的设定太过理想化，比如仅规划了方向，但对改革难度和可操作性只字不提，存在与欧洲经货联盟的实际情况脱节的问题，但路线图所罗列的内容都是欧洲经货联盟改革需要实实在在研究讨论的重大议题。

第二节　欧洲经货联盟的改革原则

为解决欧债危机冲击下暴露的欧洲经货联盟结构性问题，欧洲人提出了改革路线图，有了相对清晰的改革方向，然而，要实现改革目标需要一些原则的指导，才能保持改革的稳定性与延续性。历史地看，欧洲一体化最重要的原则就是制度化的一体化原则，以欧盟法的形式来确定游戏规则，作为该原则的补充，又发展出了一系列的附加原则。这些原则在过去和当前的欧洲经货联盟的建设与改革中得到沿用，并且发挥了积极作用，很可能继续指导未来的改革。

一　制度化的一体化原则保证了改革的稳定性

欧洲经货联盟建设一直坚持的重要原则是"制度化的一体化"，这是欧洲一体化成功的一个重要经验。现在欧元区内已经实现了货币政策一体化，货币政策的制定权归于泛欧洲层面的欧洲中央银行；欧盟内的非欧元区国家也将逐步通过制度化的欧洲汇率机制Ⅱ纳入货币政策协调的体系，为最终融入欧元区而过渡。欧洲经货联盟的建设进程是"制度化的一体化"，泛欧洲层面的制度建设不仅塑造了一体化的走向，而且为一体化的深入和扩大提供了持续的动力。

　　"制度化的一体化"原则包括三个层次的含义：一是欧洲经货联盟的制度是系统的、配套的，不是分割无序的；二是欧洲经货联盟建设是以制度保障的，是可靠的而不是随意的抑或偶然的，而且以欧盟法的形式加以体现，是具有合法性的；三是欧洲经货联盟的货币、财政、经济政策协调的制度化发展的指导方向是趋同、一体化发展，制度建设不仅为一体化的深入和扩大提供持续的动力，而且也进一步强化一体化的走向，制度化和一体化是互相促进、互相影响的。

　　欧元就是欧盟一系列条约的产物，而不是民主投票选举的产物。分析欧洲经货联盟发展历史中制度一体化的作用有助于更加透彻地认识这个原则的重要性。首先分析"制度化"在欧洲货币一体化中的作用。欧洲经货联盟的一个重要目的是实现在低财政赤字和公债水平上的低通货膨胀的经济持续增长，要顺利实现这一目的必须依靠相应的制度规则。这些制度规则主要由一系列的欧盟条约和法规构成。纵观欧洲经济货币一体化的发展，规则都是必不可少的，而且随时代的变化不断修正和完善。这些规则不断演变和发展，不仅可以追溯到1989年的《德洛尔报告》、欧洲共同体货币委员会和欧洲共同体中央银行行长委员会的筹备（特别是欧洲中央银行章程的起草），还可以从有关经济货币联盟的政府间会议、《欧洲联盟条约》的最终协议、1995~1997年欧洲共同体第三阶段稳定条约的谈判以及1998年开始向第三阶段过渡的最终决定中发现。欧盟国家货币一体化的制度化过程是不断加强的。在《罗马条约》中，统一经济和货币政策对共同体的进一步发展是必需的。为了保证经济和货币政策的统一，各成员国应根据条约规定的目标实行合作。在合作中各成员国应重视在欧洲货币体系框架内合作所取得的和在发展欧洲货币单位的过程中已经取得的经验，并且尊重这一领域内的现有职能部门。①《罗马条约》中写入了关于"各成员国政策应逐步趋同"的规定，并要求成员国的经济与货币政策应保证国际收支平衡，维持币值信心，促进就业和物价稳定，成立相应的协调机制——货币委员会，要求成员国对经济政策、汇率政策、货币政策给予共同的关心。《罗马条约》中对货币政策协调勾勒了一个基本的制度框架。1969年的《沃

---

① 欧共体官方出版局编《欧共体基础法》，国际文化出版公司，1992，第123页。

纳报告》提出在 1980 年前建成一个完全的经济货币联盟。报告中对货币政策协调作出了一系列详尽的制度规定。虽然这一报告未能得到贯彻执行，但它对后来欧盟货币政策协调的制度化发展起到了良好的示范作用。后来的蛇形浮动汇率机制和欧洲货币体系使得制度建设不断充实，当前欧盟货币政策协调的规则主要由几项重要的法规和制度安排构成：①《马斯特里赫特条约》（以下简称《马约》）。《马约》规定了加入经货联盟的条件和欧洲中央银行的运作规则。加入经货联盟的条件主要有五条：一是通货膨胀率不高于候选国中三个最低通货膨胀国家平均水平的 1.5 个百分点；二是长期利率水平不高于三个最低通货膨胀国家平均水平的 2 个百分点；三是该国已加入欧洲货币体系的汇率机制，并且在加入货币联盟前两年内没有发生货币贬值；四是该国政府预算赤字规模不高于 GDP 的 3%；五是政府债务余额不应超过 GDP 的 60%。②《稳定与增长公约》。各国在运用财政政策时受到《稳定与增长公约》的限制，《稳定与增长公约》对欧元区各国的财政支出作出了严格的限制（3% 的赤字标准和 60% 的债务标准），预算赤字超过 GDP 的 3% 的国家将被罚款，罚款可达 GDP 的 0.5%。这使得各国财政支出有限，财政政策的弹性较小。③欧洲汇率机制。对欧洲汇率机制的路径依赖导致了欧盟货币政策协调更加稳定，这归功于欧洲货币体系时期的制度安排——1979 年以来由汇率机制运作所创造的制度性活力。到 20 世纪 80年代后期为止，实现汇率稳定的这一机制被认为是一个成功范例。通过向"锁定"汇率发展，以这一成功范例为基础的路径正在不断增强吸引力。而且这一机制现在演变为欧洲汇率机制Ⅱ，成为联系区内国与区外国的主要纽带，继续发挥着积极的作用。④欧洲理事会的独特地位。欧盟的制度结构，即通过欧洲理事会，为重新确认对经济货币联盟的政治领导留有了余地。在那里，国家和政府领导人能够避开他们的财政部长和中央银行行长采取行动。这样独特的设计结构在历史上发挥了巨大的作用，在欧洲货币体系混乱的时期，各成员国财政部和中央银行非常不情愿地沿着通向经济货币联盟的路径走下去，以至于各国首脑通过欧洲理事会采取了"自上的"坚定有力的政治领导将经济货币联盟重新推回到 1988 年汉诺威会议所确认的议事日程中。这种设计结构在以后也将发挥不可估量的作用，为顺利实现欧盟货币政策协调起到保障作用。⑤欧洲中央银行体系主导欧盟货币政策协调的制度安排。经济货币联盟治理保持在附属于欧盟经济财政理事会制度结构的控制中，经济货币联盟治理的这一组织结构将就业和经济部长排除在主要谈判之外，或使他们在主要谈判中居于次要地位，欧洲中央银行体系被确保拥有一种特殊的权利。这样就防止了其他经济政策对货币政策协调的掣肘。①

欧盟货币政策的"一体化"主要是体现在泛欧洲层面的货币政策协调机构的建立和完善。1958 年的《罗马条约》要求建立一个货币委员会，该委员会由每个成员国两名代表（一般是财政部、中央银行各一名）及委员会两名代表组成。虽然该委员会有名无实，但其在形式上却是一个超国家的机构。1969 年《沃纳报告》提出了要组建负责共同货币政策的超国家的中央货币当局的设想。但当时的货币市场异常混乱，妨碍了《沃纳报告》的实施。这使得在 20 世纪 70 年代各成员国货币政策的协调仍然靠各成员国政府及中央银行实行。后来的欧洲货币体系时期，建立了一个机构——欧洲货币基金，它是以欧洲货币合作基金为基础扩大而来的，其职能是支持成员国对外汇市场的干预，以促使汇率的稳定，管理成员国中央银行间的信贷，逐步集中成员国的外汇储备，向欧洲中央银行过渡。这个机构可以看作是超国家的货币协调机构的萌芽。1991 年 12 月《马约》的签订，明确了超国家的统一货币当局的诞生日期。1994 年 1 月，诞生了欧洲第一个超国家的货币机构——欧洲货币局。欧洲货币局的建立使货币政策制定及其协调的主导权逐渐从各成员国转移出来，为欧洲中央银行的最终建立做好了铺垫。超国家机构的建立不断强化了一体化的趋势，为货币政策协调的发展确定了方向。

制度化的一体化原则还隐含着一层意思，即要尽可能地利用欧盟条约赋予的空间去进行一体化建设，比如，依据欧盟条约的授权进行二级立法。这是一个非常实用的技巧，可以绕过很多欧洲经货联盟改革的政治障碍。因为改动条约需要花费很多协调成本，而且需要很多繁杂的通过程序，不容易成功，但是只要在条约中能够找到改革依据，就可以采取二级立法的

---

① 吴志成、潘超：《欧洲经济货币联盟治理的转型：实际根据、理论模式与功能分析》，《马克思主义与现实》2005 年第 6 期。

形式推动改革。

二　多边主义磋商原则保留了改革弹性

欧洲的多边主义磋商原则确立和巩固了各成员国互相认同和必须遵守的制度体系和价值取向。在这种机制下，各成员国实现自己利益的诉求发生了变化，各国争取自己利益的冲突间接化和非直接化，表现为在多边主义磋商原则下制定有利于自己的共同规则，这促使各成员国更加积极地参与共同体的事务。这种多边主义磋商原则不仅在欧盟货币政策协调中使用，而且是整个欧洲经济一体化的指导原则。需要明确的是，多边主义磋商原则并不是一个受到鼓励的原则，是有很强的附加条件的，即短时间无法通过修改欧盟条约来实现改革。这意味着政府间的多边主义磋商原则不能与制度化的原则发生冲突，而是依靠制度化原则无法实现改革的一个补充原则。

多边主义是和双边主义对应的概念。名义上，多边主义的概念并不排斥各种双边主义设置。发生在双边层次上的谈判对这个概念也不具有决定意义，比如 WTO 中的许多关税削减也是在双边层次上展开的。当然，有区别的是，WTO 中的双边关税削减谈判结果，可以根据最惠国条款推及所有的成员国，而双边主义则是个别对待，具有歧视性。

另外，"多边主义"和"多边的"这两个词语是有差别的。多边主义的核心是指按照某种原则来协调三个或者更多国家之间的关系。多边主义阐述了国际关系中一种普遍的制度形式。"多边的"一般是用来限定"制度"的。基欧汉从一般的意义上把制度定义为"持久的互相联系的一系列正式或者非正式规则，以确定行为者的角色，限制其行动以及影响行为者的预期"。"多边的"是限定"制度"的形容词。从概念上讲，多边主义是一种在广义的行动原则基础上协调三个或者更多国家之间关系的制度形式，也就是说，这些原则是规定合适的行动的，它们并不考虑在任何特定事件下各方特殊利益或者战略紧急情况。最惠国待遇是多边主义在经济领域的一个典型例子，它禁止成员国之间的待遇歧视现象。双边主义和多边主义并非各国所创设的制度的全部。帝国主义可以被视为第三种一般制度形式。帝国主义同样是协调三个或者更多国家之间关系的制度形式，其与双边主义和多边主义不同，它是通过压制从属国家的主权来达到这一目的的。总之，"多边的"是一个用来限定名词"制度"的形容词。使多边形式与其他形式区分开来的是，前者在普遍化行动原则的基础上协调三个或者三个以上国家的行为。多边主义是一种要求很高的组织形式。它要求参加者摒弃暂时的好处，抵御只从国家利益角度定义自身利益的诱惑；它还要求参加者放弃专门的同盟，并避免依据紧急形势和瞬息的利益格局制定政策。[1] 从以上的论述可以看出，以"某某主义"的形式出现的名词更多地意味着一种信念或意识形态，而不是简明直接的事务状态。

要区分多边制度和多边主义，需要认识到相关国际活动的两个层次。多边制度着眼于国际活动中的正式制度因素，其特征为：具有固定的住所和地址，独立的总部，有效的工作人员和秘书处等。多边主义也可能以具体的组织机构出现，但是它的意义更为深刻。多边主义根植并求助于不那么正式、不那么有条理的国际社会的习惯、实践、思想和规范。双边主义、帝国主义和多边主义都是关于世界会如何组织的概念，它们绝不只是具体组织机构的不同类型而已。

这种区分在欧盟货币政策协调中可以看到，欧盟货币政策协调的主导机构是欧洲中央银行体系，拥有固定的机构地址和独立的总部以及数量庞大的工作人员，这是一种典型的多边制度；在早期的欧洲货币政策协调中并没有形成固定的制度，而是一种意识上的协调，具有随意性和松散性，体现的是一种共同协调的理念。从欧盟货币政策协调的发展中可以看到，多边制度和多边主义是互相关联的，多边主义的理念的形成促进了正式的多边制度的形成——欧洲中央银行体系，而多边制度的确定为各成员国在经货联盟内的行为作出了正式的规定，为成员国学会参与共同利益的决定来实现自身利益提供了平台，起到了很好的示范作用，进一步强化了多边主义的理念。

多边主义磋商原则在促进欧洲经货联盟建设的货币支柱建设方面作用很大。欧盟货币政策协调的多边主义磋商原则体现了三个重要的特征：不可分割性、普遍性的行为准则、扩散的互惠性。这三个特征应该作为不可分割的、内在一致的整体来对待，而不是附加在多边主义之上的、可以分离的特征。不可分割性是指欧元区内统一的货币政策的实施意味着区内各

---

[1]　约翰·鲁杰著《多边主义》，苏长和等译，浙江人民出版社，2003，第10~15页。

成员国都必须遵守，而且统一货币区的成本和收益扩散到整个货币区，各个成员国都受其影响。比如德国出现通货膨胀或者经济衰退，不仅会对德国人，而且对法国人或者欧盟都产生影响。普遍性的行为准则常以规范的形式促使国家间联系更为广泛，而不是根据单个国家的偏好、形势的紧急需要或先验的排他主义立场，以个案的方式来区别对待国家间关系。比如欧洲中央银行理事会由执行董事会全体成员和欧元区成员国中央银行行长组成，每个成员拥有一份表决权，采用简单多数表决法决定要实施的货币政策，欧洲中央银行行长担任理事会主席，并且拥有在表决中出现赞成票和反对票相等时作出最后裁决的权力。扩散的互惠性原则抑制目光短浅的功利主义态度，它使行为者关注长远的、涉及面广的收益，而不是斤斤计较每时每刻的每一件区区小事。

现在的欧洲中央银行是以德意志中央银行为蓝本设计的，这其实就是德国通过多边主义磋商原则影响其他国家货币政策的一种方式，这也是各成员国货币政策协调的一种形式。有的学者对这种形式作出了如下的解释：多边制度框架改变了成员国之间的"权力游戏"规则，主要是改变了权力的内容和使用方式。战后"德国强权"的演化最能说明这一点。德国在欧洲一体化进程中占据着核心位置，这是不争的事实。建立欧洲煤钢共同体的初衷之一就是要把尚在恢复元气的德国装进"笼子"，消除欧洲安全的隐患。多边合作机制固然从制度上限制和约束了德国，使它没有可能再度发展成为第三帝国似的地区霸权。但是，德国利用多边制度框架在间接地影响其他成员国。一方面，德国通过参与欧洲层面的制度建设间接发挥影响。在参与过程中，德国把自己的部分行为规则、规范和价值观念变成欧洲的规则、规范和价值观念，把德国利益变成"欧洲利益"，这是凭借着"制度输出"而不是凭借着"强权"来施加影响的一种方式；另一方面，欧洲机构放大了德国发挥影响的能力，"欧洲化"了的"德国"规则、规范和价值观念，得以在更大的范围内传播，"欧洲化"了的"德国"利益因此也能够更好地实现。这种变化的结果是，德国事实上在欧共体/欧盟之中占据了主导地位，但是"德国强权"的基础改变了，在政治、经济和军事实力、人口规模和地缘政治优势等"硬力量"之外，又添加了由参与多边制度建设而带来的各种"软力量"，而且它对其他成员国施加影响的方式变得更为隐蔽。[1]

多边主义磋商原则已经成为欧洲经货联盟建设的重要补充原则，既是手段又是目的，设计和选择多边主义有一定的最小化磋商和改革成本的考虑，但并不总是以明确的成本—收益计算为基础，已经成为一种习惯性的推动改革的方式，成为欧盟一体化建设的一种路径依赖。

三　双速原则强化了改革动力

双速欧洲建设一直是欧洲一体化中颇具争议的话题，却是客观存在的一体化改革推进原则。简单来说，双速欧洲的意思是，受制于各种因素，成员国之间的一体化推进速度可以有所差异，部分成员国的融合速度可以快一点，另外，不同议题的改革推进速度也可以有所差异，先解决比较容易的议题。双速的概念最早进入改革讨论是在冷战结束后，在欧盟东扩逐渐成为现实，围绕如何在扩大欧盟的同时深化欧盟时产生了双速欧洲。1989年，德国总理科尔的两位顾问提出了类似的构想，即欧洲中心圈国家。1994年，在欧盟仍然只有 12 国时，德国基民盟的沃夫冈·朔伊布勒（Wolfgang Schäuble）和卡尔·拉默斯（Karl Lamers）提出了"核心欧洲"（Kerneuropa）的概念。他们主张核心欧洲在一体化中应起到中心推动的作用，吸引其他欧洲国家参与一体化。

双速原则的好处是可以解决一些复杂的改革难题。随着更多成员国的加入，在各个改革议题上达成一致的难度也随之增加，很难在所有的领域采取相同的推进速度。双速欧洲建设则可以绕过这些难题，核心国家先行一步，给其他成员带来示范效应。另外，从某种程度说，也有一种非直接的强迫效应，如果不跟随核心国家，那么就将被新建立的改革措施边缘化。双速的逻辑和中国的先富带动后富，最终实现共同富裕的逻辑接近，可以为一体化的改革提供更强的动力。

对双速欧洲持批评态度的人认为，双速欧洲会导致欧洲的分裂，最终

---

[1]　张浚：《从亚欧会议进程看发展国际关系的"欧洲模式"》，《欧洲研究》2006 年第 1 期，第 5～7 页。

对欧洲一体化产生破坏性影响。可正如 2007 年 7 月 25 日欧盟委员会前任主席普罗迪（Romano Prodi）在接受采访中指出的那样，"车速并非是以最后一节车厢来定。我们在欧洲已经实现了'双速欧洲'。欧元区和申根国家就是例子，它们都是欧盟非常重要的项目。此外，'双速欧洲'并非意味着处于第二梯队的国家无法进入第一梯队。一个'双速欧洲'有时意味着更多的选择性。"其实，拥有 27 个或更多成员国的欧盟越来越不可能做到匀速发展，要避免欧盟停滞不前就应该允许欧盟成员国以两种不同的速度发展。"双速欧洲"不仅意味着更多的选择性，还将意味着赋予欧盟更大的灵活性和行动能力。①

在实践中，欧洲人对"双速欧洲"的发展采取了灵活态度，即发挥了双速原则的优势，也充分认识到速度差距过大可能造成的破坏效应，为双速原则设定了一些附加条件。双速原则下产生的政策必须具有开放性和考虑适合整个欧盟的可能性，要有利于推向整个欧盟层面。比如，当前推动的欧洲学期、内部市场、欧盟预算对竞争力和凝聚的支持为发展经济协调、一体化和真正的趋同的全面法律和金融框架打下了好的基础。双速原则下提出的使这些政策更有效的手段（比如为获得结构基金附加宏观经济条件或者新的单一市场的治理手段）将有助于加强欧洲经货联盟。同时，在需要时建立的金融、财政和结构协调或者针对欧元区的特别支持工具，应被设计成为符合欧盟整体使用。只要欧盟法许可，欧元区的一些措施应该允许其他成员国的加入。

四　辅助性原则划分了改革权责

如前所述，欧盟的货币政策协调二元特征突出：欧元区内部货币政策的制定和实施由欧洲中央银行决定，区外由各国中央银行决定；与货币政策息息相关的其他宏观经济政策，比如财政政策、社会政策、竞争政策等任由各成员国自主决定。欧盟在没有统一的政策领域实行"辅助性原则"。辅助性原则在欧洲经货联盟建设中发挥了巨大的作用。

辅助性原则属于规范性范畴，是一种确立立法机构安排的规则，要求

---

① 吴江：《〈里斯本条约〉的出台：解析和展望》，《欧洲研究》2008 年第 1 期。

那些直接影响人民的决策尽可能在社会组织机构的最低层级进行和完成。① 有的学者也从经济范畴对其进行了定义：只有当产生的福利能够被行动者获得时，该项行动从基层单位的上交才是合理的，就此而言，辅助性原则代表一种自下而上的权力分配方式，即总是把权力置于相应的最低政权层次，较高层次政权对较低层次政权只起辅助或从属作用。② 辅助性原则产生的背景是：随着欧洲一体化的深入和发展，出现了权力向欧盟机构集中的趋势，比如欧洲经货联盟的建立导致区内货币政策由超国家的欧洲中央银行掌握，这引起了各成员国对国家权力的丧失和超国家机构权力过度集中的担忧，于是制定辅助性原则明确了欧盟机构与各成员国政府之间的职权分工。

辅助性原则是欧盟货币一体化发展中最为重要的原则之一，有关辅助性原则的讨论贯穿货币政策协调的整个发展过程中。1989 年《德洛尔报告》明确提出，在制定货币和宏观经济政策时，应将辅助性原则作为平衡国家与共同体权力的手段。这只是标志辅助性原则适用于货币政策协调，但对如何划分却存在争议。在《马约》中辅助性原则得到确定：决心继续推动建立欧洲人民间的不断的日益紧密的联盟的进程，并在该联盟内根据辅助原则尽可能地由靠近公民的层次作出决定。③ 后来的《阿姆斯特丹条约》中的《关于适用辅助原则和均衡原则的议定书》以法定的形式对辅助性原则作出了具体、权威的规定，为欧洲联盟机构和成员国之间职权的分工提供了基本的依据和指导性原则。

辅助性原则从效率角度为权力向较高层次的转移提供了依据，对那些较低层次政权不能适度控制、影响与作用的政策，尤其是涉及较低层次政权之间关系的那些政策，必须上交给较高层次政权执行。货币政策协调涉及多个成员国，单个或者两个成员国很难协调成功，货币政策内部协调的上交是一种趋势，可以预见，欧盟 25 国中的非欧元区国家最终会加入到统一货币区中。而对于货币政策的外部协调即货币政策与其他宏观经济政策

---

① 吴志成：《治理创新——欧洲治理的历史、理论与实践》，天津人民出版社，2003，第 256 页。
② 王鹏：《评欧洲共同体的辅助性原则》，《欧洲》1993 年第 2 期，第 21 页。
③ 欧共体官方出版局：《欧共体基础法》，国际文化出版公司，1992。

的协调，比如财政政策、社会保障政策、竞争政策等，现阶段将其收归超国家机构还不太现实。在这些辅助性原则发生作用的政策领域内，"开放式协调"是实现辅助性原则的一种有效方式。开放式协调的机理是建立一个虚拟的"政策学习小组"，利用群体压力，促使成员国的相关政策向欧盟确定的共同目标靠拢，从而实现各成员国相关政策的趋同。虽然这种方式的拘束力弱于欧盟传统的指令方式，但其效果却可能比指令方式要好。从另一个角度看，由于养老金政策一直是成员国的内部事务，与指令性方式相比，这种方式也更符合欧盟在养老金领域奉行的"辅助性原则"所赋予的法律地位和更可能得到各成员国政府的认可。"开放式协调"鼓励欧洲层面的合作，为那些依然完全属于成员国内部事务的政策领域带来结构性改革。"开放式协调"已经运用于欧盟各国的社会保障政策方面的协调，并在逐渐推广中，这种模式为欧盟提供了一种整合成员国改革实践的机制。当然随着欧洲经济货币一体化的深入发展，原有辅助性原则适用的一些政策领域会发生改变，一些宏观经济政策交由欧盟层面负责会比较有效。

从现阶段大部分财政、经济政策仍归成员国掌控的现实看，辅助性原则会成为指导当前和今后相当长一段时期欧洲经货联盟建设的重要指导性原则。

第三节　危机以来欧洲经货联盟的改革举措

2007 年底爆发的国际金融危机促使欧洲经货联盟将深化改革作为一件需要高度关注的事情，随后爆发的欧洲债务危机对欧洲经货联盟更是产生了实质性冲击，促使欧洲经货联盟启动了较为全面的改革。欧洲经货联盟已经启动的改革不仅只针对上面提到的短期危机管理，还重点集中于预算财政、宏观经济竞争力、金融监管三个方面，依托《欧洲 2020 战略》、欧洲学期、六项法案、两部法案、银行联盟、《财政契约》等具体抓手予以实现。

一　提出十年发展规划的《欧洲 2020 战略》

增加市场灵活性和促进竞争的产品和劳动力市场的改革对欧洲经货联盟的顺利运行十分关键。这些改革不仅能使成员国提高潜在增长和就业率，而且帮助成员国提高生产效率和竞争力，同时使他们应对经济冲击的弹性增加。自从成员国不能利用货币和汇率政策进行经济调节以来，欧元区内部的结构改革加强了，结构改革对避免出现内部失衡非常关键。

在这种背景下，欧洲理事会在 2010 年 6 月通过了《欧洲 2020 战略》。《欧洲 2020 战略》旨在通过经济和社会改革创造就业和促进增长，同时考虑生态环保问题。在智慧、可持续和包容增长三个关键词下，该战略覆盖国家和欧盟层面的政策行为，目的在于增进全体欧洲人的福祉。从整个欧盟层面看，具体的目标涉及就业、研发、气候变化、教育和减贫五个领域。《欧洲 2020 战略》的政策目标并不多，相对聚焦，也没有提出具体的增长目标。欧盟委员会主席巴罗佐指出，虽然 2020 战略并没有规定经济增长目标，但该战略的实施将可能使欧盟潜在增长率达到 2%。

成员国要提出与欧盟层面的指导原则一致的各自的国家改革项目，旨在解决国别层面上限制增长和就业的瓶颈。成员国的措施由欧盟层面的旗舰倡议加以支持，比如完善单一市场、为研究和创新融资以及促进欧盟企业走向全球市场。

《欧洲 2020 战略》是《里斯本战略》的继承和发展。《里斯本战略》其实没有完全实现，主要原因是薄弱的治理安排、缺乏明确的聚焦点和沟通不畅。《欧洲 2020 战略》要努力克服这些缺点，主要措施有两项：一是给予欧洲理事会监管改革计划执行的权力，二是各成员国对改革政策进行同行评价。[①]《欧洲 2020 战略》主要依托欧洲学期进行执行和监管。

二　确保欧洲经济治理程序化进行的欧洲学期

2010 年 3 月，在第一次救助希腊的欧洲理事会上，欧洲经济治理成为与救助希腊并重的话题，由此拉开欧元区成立以来最大的经济治理改革的

---

① http：//www. ecb. europa. eu/ecb/tasks/europe/emu/html/index. en. html#stability.

序幕。此次会议还成立了以范龙佩为领导、27 个成员国财政部长为成员的"特别工作小组"（Task Force），商讨加强欧洲经济治理改革的方案。此后，特别工作小组多次召开会议，2010 年 5 月，范龙佩领导的特别工作小组提出实施"欧洲学期"，目的是加强欧盟的财政和经济政策协调。

欧洲学期要求，各成员国每年财政和经济政策在各国议会通过之前，欧盟委员会和理事会应该在欧盟层面对其政策进行评估，保证各成员国财政和经济政策的有效协调。欧洲学期提供了一套固定的程序式评价过程，是一种方式创新，对加强欧洲经济治理起到了较好的作用。欧洲学期整合了《稳定与增长公约》（稳定与趋同项目）和《广泛经济政策大纲》（国家改革项目）的协调过程，不仅包括财政政策还包括其他宏观经济政策。欧洲学期每年进行，为期 6 个月，包含固定的议程和程序。2010 年 9 月，欧洲理事会正式批准"欧洲学期"的实施建议，2011 年 1 月，欧洲学期正式开始。

首先，欧委会在 1 月份将发起年度增长调查（Annual Growth Survey），找出欧盟和欧元区面临的经济挑战。

其次，以年度增长调查报告为基础，欧洲理事会在 3 月份将制定欧盟层面年度经济政策的重点和主要挑战。欧盟理事会将以这些重点和挑战为基础，提出财政政策（稳定和趋同项目）和经济政策（国家改革项目）的建议。

再次，按照这些目标和建议，成员国将在 4 月份向欧盟委员会提交中长期预算和经济战略。欧委会将评估成员国的计划以及建议欧洲理事会如何就其投票。这改变了各成员国原来的预算程序，要求成员国赶在 4 月份之前提交财政展望报告。

最后，欧洲理事会在 6、7 月份开展同行评议，提出针对各个成员国的经济政策和预算政策建议。[①]

另外，欧委会第二年的报告将评估成员国对这些建议的执行效果。欧洲学期的年度评估报告不仅对成员国有政策含义，对欧洲国债市场投资者也有重要的意义。投资者可以根据欧洲学期的评估报告对成员国的债券进行评级，表现得不好的成员国的债券肯定会受影响。这也迫使成员国作出

---

① http：//www.euractiv.com/euro/european – semester – what – does – it – mean – analysis – 498548.

进一步的改革。

三　覆盖财政政策和宏观经济失衡的六项法案

欧盟在建立欧洲金融稳定工具和欧洲金融稳定机制后，认为救助不能解决根本问题，根本解决之道是提高欧盟的经济政策协调水平和恢复成员国的经济竞争力。要实现这一目标就必须进一步强化经济治理。2010 年 5 月 12 日，欧盟在发布的通讯中极大地强调了经济政策协调的重要性，指出将推出加强经济治理的建议案，还表达了对特别工作小组提出的"欧洲学期"的认同。此后，欧盟继续完善加强经济治理的思路。2010 年 6 月 30 日，欧盟再次发布通讯，强调将 5 月 12 日提出的加强经济治理的理念落实为具体的行动。

2010 年 9 月 29 日，欧盟在参考特别工作小组研究成果的基础上，提出以"六项法案"为基础的加强经济治理的建议案。六项法案不仅覆盖了财政政策，还提出了解决欧元区内部结构不平衡的对策。

2011 年 3 月，欧洲理事会正式通过"六项法案"提议案。欧洲议会原定于 2011 年 6 月底就此项提议案进行投票。由于欧洲议会议员对提议案的分歧较大，欧洲议会以该提案内容还不详细为借口，推迟投票。据报道，导致分歧的一项原因是法国等部分成员国担心此提案中的"反向投票"原则可能使其在违反财政纪律时难逃惩罚。经过近三个月的不断磋商，欧洲议会于 2011 年 9 月 28 日正式投票通过此提案。

欧盟委员会提出的"六项法案"提议案较为全面，既着眼于财政改革，又瞄准了欧元区内部的经济结构失衡。六项法案中四项建议与财政问题相关，包括对《稳定与增长公约》的大范围改革；另外两项建议旨在发现和解决欧元区存在的内部结构性失衡。

1. **改革了《稳定与增长公约》的预防机制**

新机制要求成员国在宏观经济较好的时期执行谨慎的财政政策，为应对经济危机做好准备。谨慎的财政政策应该以中长期的经济增长为目标。如果成员国偏离谨慎财政政策，欧盟委员会将向其发出警告。

2. **加强了《稳定与增长公约》的纠正条款**

财政赤字超标的情况将更受关注，过度赤字程序的启动和实施更加严格。欧盟在注重财政赤字的同时也更加关注政府负债情况，要求政府负债占 GDP 的比例超过 60% 的成员国在今后 3 年内必须进行削减。削减数量为现有负债比例和 60% 差额的 1/20。

3. 实施更加有效的欧元区预算监管

为了使《稳定与增长公约》的预防和纠正机制有效落实，欧盟引入一系列财政惩罚措施。就预防机制而言，如果成员国违背谨慎财政政策，那么会被要求强制存入一笔计息存款。就纠错机制而言，当确定成员国处于过度赤字情况时，欧盟将强制其存入高达 0.2% GDP 的不计利息的存款。如果该成员国不遵守欧盟委员会提出的纠正过度赤字建议，这笔存款有可能转变为罚款。

为了保证惩罚措施能够生效，"反向投票机制"被引入。这意味着，除非欧洲理事会以有效多数投票进行否决，否则欧委会提出的处罚建议将被采纳。存款产生的利息和罚款将在那些既没有过度赤字也没有结构不平衡的欧元区成员国进行分配。

4. 提出对成员国预算框架的新要求

由于欧元区财政政策分离，各成员国的预算框架遵守《稳定与增长公约》的目标就显得十分重要。欧盟对组成国家财政治理基础的一系列因素做出相关规定，比如会计体系、统计、预警体系、财政规则、预算程序和与地方财政的联系。新要求规定了成员国应该遵守的下限。

5. 引入预防和纠正宏观经济不平衡的新规则

过度不平衡程序（Excessive Imbalance Procedure，EIP）是欧盟经济监管框架的一个新创造。它包含一个由一系列经济指标组成的评分表，此评分表被定期用来对欧元区内部经济不平衡进行评估。在此基础上，欧盟委员会将对处于风险的成员国发起深入的评价，找出这些国家存在的主要问题。对那些拥有严重的不平衡或其不平衡对整个经货联盟运行有严重影响的成员国，欧洲理事会将采纳欧委会的建议并启动过度不平衡程序。

处于过度不平衡程序的成员国必须提出一项纠正计划。欧洲理事会将评估这些计划的合理性，给出实施纠正措施的最后日期。如果成员国总是不能顺利执行纠正措施，那么该成员国将受到惩罚。

6. 创新纠正欧元区过度宏观经济不平衡的强制手段

如同财政领域，一旦欧元区成员国总是不能顺利执行欧洲理事会的纠正措施，它将不得不缴纳相当于其 GDP 的 0.1% 的罚款。除非有效多数的欧元区成员国投票反对，罚款才能够被阻止。[①]

六项法案表明，欧盟在协调财政政策和加强预算纪律方面向前更进了一步。另外，六项法案不仅考虑了财政政策，还触及了欧元区深层次的结构性失衡问题，为建设最优货币区铺平了道路。在欧洲主权债务危机背景下，六项法案提供了一个较为可信的财政巩固框架，有利于赢取市场信心。

然而，欧洲经济治理方案也存在一定的缺陷。各成员国议会仍然控制着财政预算的主要权力，该经济治理方案仍然存在软落实的问题。过度强调财政紧缩会导致经济增长放缓，不利于就业，而六项法案中没有谈及如何解决就业问题。另外，对本已处于危机的成员国实行严格的处罚措施更容易使其财政加速恶化，更容易招来市场投机。

四　提高预算监管频次的两部法案

2011 年 11 月 23 日，欧盟委员会又提出两部法律草案以增强所有欧元区成员国的预算协调与监管。两部法案分别为"监管和评估预算计划草案共同规则和确保欧元区成员国过度赤字纠正的条例草案"和"加强欧元区遭受严重困难的成员国经济与预算监管条例草案"。2013 年 3 月，两部法案正式生效。这两部法案通过提高对成员国政策决定的审查频率，而不是对监管政策本身提出更多的要求，进一步增强了《稳定与增长公约》对监管的要求。监管的频率由成员国经济健康程度决定。所有的欧元区成员国都要执行"监管和评估预算计划草案共同规则和确保欧元区成员国过度赤字纠正的条例"中规定的监管频率，接受金融援助或处于过度失衡程序中的成员国则要接受"加强欧元区遭受严重困难的成员国经济与预算监管条例"中规定的监管频率。

---

① http：//europa. eu/rapid/pressReleasesAction. do? reference = IP/10/1199&format = HTML&aged = 0&language = EN&guiLanguage = en.

1. 监管和评估预算计划草案共同规则和确保欧元区成员国过度赤字纠正的条例

如果欧元区成员国没有接受金融援助或处于过度失衡程序中，除《稳定与增长公约》要求以外的附加要求是向欧委会提交第二年的财政预算草案。对财政预算草案的提交有具体要求：最迟不超过 10 月 15 日；只有收到欧委会的反馈意见后才能讨论和提交成员国议会投票，但是欧委会没有被赋予否决成员国财政预算草案的权力。如果预算草案被发现违背了《财政契约》中的债务和赤字规则，欧委会可以在提交成员国议会之前提出警告。

另外，处于过度赤字程序中的成员国每 6 个月要公布纠正措施报告，不能够坚持落实欧委会纠正建议的成员国每季度要公布纠正措施报告。既处于过度赤字程序又处于过度失衡程序的成员国则遵守另一项法案中相关规定的报告责任。

2. 加强欧元区遭受严重困难的成员国经济与预算监管条例

接受金融援助或处于过度失衡程序中的成员国被要求提高向欧委会上交监管报告的层次和频率。这些国家每季度要公布纠正措施报告，欧委会在评估报告的基础上可在早期阶段向成员国的议会发出警告讯息，指出成员国可能满足不了调整项目的目标或者财政调整措施。这样受影响的国家仍然有足够时间执行需要的措施以防止偏离预设目标和轨道。接受金融援助的成员国在救助项目结束后仍然要遵守上述规定，开始实行后项目监管，直到超过 25% 的借款被还清。当威胁成员国金融稳定性或财政可持续性的持久性风险存在时，欧洲理事会可决定延长后项目监管的时期。

两部法案的出台有一个小插曲。欧委会早在 2011 年 11 月就提出"两部法案建议"，但由于欧盟各方对部分内容分歧较大，草案一直拖到 2013 年才得以通过。影响通过的最大原因是欧洲议会部分议员提出设立"欧洲偿债基金"，并以此为换取两部法案通过的筹码。欧洲偿债基金遭到许多成员国，特别是德国的强烈反对。欧盟委员会也对此持谨慎态度，表示要实施这一方案，就必须对欧盟现有条约进行修改。欧洲偿债基金最后仍然未得到接受，但欧委会同意组织专门的工作组进行研究，并作为建设财政联盟的重要环节写入了欧洲经货联盟的改革路线图。

五 持续推进的银行联盟

在欧洲债务危机爆发之前，欧洲就开始了金融监管改革。国际金融危机充分暴露了欧盟金融监管中的条块分割弊端，欧盟在危机之初对于金融市场上不断蔓延的风险反应迟钝，在应对时又各自为战。为了解决这一问题，欧委会在 2009 年 9 月提出加强金融监管的一系列建议案，旨在建立一个具有超国家性质的欧洲金融监管体系（European System of Financial Supervisors，ESFS）。该体系由欧洲系统风险委员会（European Systemic Risk Board，ESRB）和欧洲银行监管局、欧洲证券和市场监管局以及欧洲保险和职业养老金监管局三个监管局组成。2010 年 9 月和 11 月，欧洲议会和欧洲理事会分别通过此项建议案。欧洲金融监管体系在 2011 年 1 月正式运行。欧盟通过欧洲金融监管体系加强了对欧洲金融市场，尤其是跨国金融机构的监管，有利于鉴别和防范金融风险。

欧洲系统风险委员会主要负责监测整个欧洲金融市场上的宏观风险，将建立一套衡量指标，并启用一套以不同颜色代表不同风险级别的预警体系。一旦发现风险，将发出预警并在必要情况下建议应采取的措施。三个监管局负责监督成员国落实欧盟的规定。当成员国不执行欧盟规定时，监管局可向该国监管机构发出指示，在仍得不到遵守的情况下，监管局可直接要求相关金融机构予以纠正。监管局在出现紧急情况时有权临时禁止或限制某项金融交易活动或金融产品的交易，并可提请欧委会提出立法建议，永久性禁止这类产品和活动。另外，监管局也将对信用评级机构进行监管。由于市场投机加速了欧洲主权债务危机的蔓延，法、德提出了进一步推进欧洲金融治理的方案，积极促成金融交易税的征收。[①]

欧洲金融监管体系虽然具有超国家的性质，但各成员国的金融监管机构在实际操作中还是起着决定性作用。即使如此，欧洲金融监管体系的建立仍然是欧洲金融监管一体化取得的一项重要成果。此后，为打破银行危机和财政危机的恶性关联，欧盟进一步推进了金融治理，提出建设银行联盟。

---

① http：//ec. europa. eu/internal_ market/finances/committees/index_ en. htm.

银行联盟主要由单一监管机制、单一清算机制和存款保险机制构成。单一监管机制建立了一个由欧洲中央银行和欧盟参加国监管机构组成的银行监管体系。欧元区成员国全部参加该机制，欧盟内非欧元区成员国可选择参加。确保单一监管机制有效性的第一个关键要素是单一规则手册（Single Rulebook）的施行。该手册主要由欧洲银行管理局督导制定。另外，就是具体的监管执行。欧洲中央银行在该机制中发挥主导作用，与参加国家的监管机构合作监管。欧洲中央银行直接监管具有系统性影响的大中型银行，与各成员国协作监管其他银行。欧洲中央银行将于 2014 年 11 月正式承担单一监管机制赋予的监管责任。[①]

由于涉及成员国监管主权的让渡，欧洲银行单一监管机制建设已是非常困难，而欧洲银行处理机制建设更是难上加难。单一监管机制解决的是预防银行危机的问题，主要涉及的是监管权力的让渡和分配，而欧洲银行处理机制要解决危机冲击下的银行稳定和损失补偿问题，主要涉及的是银行遭遇危机产生的成本由谁来分担的问题。在加强监管方面，欧元区各成员国的利益交汇点更多。在国际金融危机和欧债危机的双重冲击下，欧元区各成员国的银行均出现了问题，只是严重程度存在差异，因此，各成员国至少都有切实加强银行监管和有效预防银行危机发生的共识，只是在如何加强监管上有不同的主张。但是，对于危机中银行损失补偿的问题，欧元区各成员国都在盘算如何使别的国家多承担责任，减少自己的成本，尤其是银行危机严重的成员国，一直在琢磨如何通过建设欧洲银行处理机制在危机中借助情况较好成员国的信誉和资金减少损失。两相比较，孰难孰易，一目了然。

欧元区成员国关于建设欧洲银行处理机制的主张相当对立。银行信誉较差并且自身财政状况糟糕的国家力主建立欧洲层面的银行危机单一处理机制。一方面，建立银行业共同稳定基金，将自己银行的信用与情况较好国家银行的信用进行绑定，以此减少融资成本和受冲击的风险，另外，遭受危机冲击也可以借用共同稳定基金的资金进行补偿；另一方面，要求欧洲稳定机制为银行业共同稳定基金提供担保或注资，进一步强化信用和资

---

① http：//www.ecb.europa.eu/ssm/html/index.en.html.

金担保。德国担心自己成为欧元区银行破产成本的最终承担者，尽量回避建立上述形式的欧洲银行单一处理机制和以政府信用担保稳定银行危机的处理方式。作为替代，德国提出建设一种优胜劣汰的处理机制，坚决将那些经营不善的银行关闭或重组，并且让对这些银行进行了错误投资的市场主体为损失埋单。德国也想方设法地为自己的建议辩护，比如，声称要打破欧洲银行债务和主权债务相关联的怪圈，确保政府救助银行成为一种特例而不是惯例。如果德国的建议得以实施，那么困难国家不仅不能从德国等经济实力较强国家的腰包掏出太多真金白银，还很可能抬高本国银行的经营成本，导致资金流向德国等信誉良好国家的银行。由此可见，欧元区各国在这种重大利益方面的博弈非常激烈。

尽管对欧洲银行处理机制建设存在很大分歧，但银行联盟带给欧元区的种种好处几乎无人争议，而且欧盟借危机推进银行联盟建设的信心和决心一直没有改变，因此，欧洲人也在争执中慢慢达成一致，逐渐形成各方认可的欧洲银行处理机制。

经过多轮紧张的谈判，欧盟财长在 2013 年 12 月就欧洲单一清算机制达成初步协议，取得了继欧洲单一监管机制后银行联盟建设的最大成就，将欧洲银行联盟建设又向前推进了一步。德国总理默克尔就此指出，这是一个靠财长们辛苦努力而取得的巨大成功。

欧盟财长主要就欧洲单一清算机制的主导机构和资金来源两个核心问题形成了基本共识。欧盟将建立一个专门委员会来负责单一清算机制，且该机构将在欧盟委员会的机构框架之内。单一清算委员会将由一名执行主任、4 名全职委员和所有单一清算机制成员国清算机构的代表组成。根据银行救助事项的严重程度，单一清算委员会将采取不同的决策方式。一般性银行救助决策主要由执行主任和全职委员组成的执行管理层作出，但特别重要的救助决策必须经单一清算委员会集体通过，比如，流动性支持金额超过了单一清算基金总额的 20% 等。单一清算机制的资金来源比较特殊，并不是一步到位，而是经过 10 年的资金筹集过渡期逐步做实。单一清算机制的资金来源于各成员国银行，但银行出资是由各成员国管理的清算机构逐步向欧洲层面的单一清算机制注入。预计在未来 10 年，各成员国独立管理的本国基金将逐步合并为欧洲单一清算基金。

当前，欧洲单一清算机制雏形基本显现，除主导机构和资金来源之外，在清算对象、决策程序和生效方式等方面也形成了指导性意见，为欧盟各利益相关方提供了一个很好的讨论框架。从清算对象看，欧洲单一清算机制覆盖参与成员国的所有银行，但重点服务对象有所不同。单一清算委员会主要负责跨国银行等欧洲中央银行直接监管的大型银行，成员国清算机构负责其他银行，但并没有完全排除这些银行向单一清算机制提出救助申请。欧洲单一清算机制的决策程序比较复杂，重大救助事项不仅要通过单一清算委员会的集体讨论，还要得到欧盟理事会的批准。

欧洲单一清算机制框架是在各方分歧较大并且在较短时间内达成的，为达成协议还发掘了一些处理分歧的创新思路，比如，为使各成员国在资金来源分配上取得一致，设置单一清算资金筹集过渡期。这充分显示了欧洲人处理分歧、营造共识的本领，为进一步做实该机制创造了良好条件。

然而，欧洲单一清算机制建设还远未完成。之前关于建设单一清算机制的分歧在新的框架内仍然存在，比如，德国虽然在单一清算机构归属于欧盟委员会的问题上作出了让步，但却在单一清算委员会里加入了各成员国的代表，使清算委员会的决策仍然在很大程度上受制于成员国，决策效率受到抑制的问题上不轻易妥协。对此，欧洲议会主席马丁·舒尔茨非常不满，指出"这就好像医院在面对急救病人时，不是马上组织抢救而是开长会讨论该不该救治"。此外，资金筹集也存在一定的问题。在资金筹集过渡期，各成员国清算机构的注资较少，如果无法满足救助资金需求，需由各成员国负责或者向欧洲稳定机制求助，仍然有可能导致危机国公共财政的不稳定，另外，过渡期内各成员国清算机构整合统一的清算基金的具体方式和路径并不清晰。因此，欧洲单一清算机制还存在许多有待解决的具体问题，需要欧洲人进一步发挥妥协和创造的精神，才能够如欧洲央行行长德拉吉所期待的，将字面上的单一清算机制变为现实。

六　深化财政协调的财政契约

统一的货币政策与分散的财政政策不协调的制度性缺陷是导致欧洲主权债务爆发和持续恶化的原因之一。在主权债务危机的压力下，法、德共同提出了未来建设欧元区经济政府的倡议，希望进一步加强区内成员国财政政策的协调，加强对成员国财政收支的监管。建设经济政府重要的抓手就是财政契约。欧洲中央银行行长德拉吉也强调了制定财政契约和建设经济政府的重要性，指出长期的稳定锚有利于短期市场信心的恢复。[①]

在欧洲主权债务危机愈演愈烈、经济复苏面临困境的关键时刻，欧盟及其成员国领导人于 2011 年 12 月 9 日就另立新约、加强财政纪律达成重要共识，此后打造财政联盟的口号不绝于耳。2012 年 3 月 2 日，除英国和捷克以外的 25 个欧盟成员国国家元首或政府首脑签署了《经济货币联盟稳定、协调与治理条约》（Treaty on Stability, Coordination and Governance in the Economic and Monetary Union, TSCG, 简称"财政契约"）。

财政契约（Fiscal Compact）主要规定了以下六项核心规则：

（1）缔约国政府预算必须平衡或者盈余，"年度结构赤字"下限不超过其国内生产总值的 0.5%；由欧盟委员会制定各国中期目标趋同时间表；明显偏离中期目标或者偏离调整路线的缔约国应在规定的时间内启动自动纠正机制（第 3 条第 1 款）。缔约国须将上述规则转化为国内法，最好是宪法性的条款，并且在条约生效一年内在缔约国国内生效；欧盟委员会有权对缔约国的自动纠正机制提出建议，建议内容可以涉及纠正行动的性质、规模、时间表以及缔约国国内监督机制的角色（第 3 条第 2 款）；

（2）缔约国政府债务超过其 GDP 的 60% 的，该国应每年以 5% 的平均比例作为基准实施减债（第 4 条）；

（3）出现过度赤字的缔约国应进行必要的结构改革，其方案须得到欧盟委员会和欧盟理事会的认可和监督；其实施及相应的年度预算计划，受欧盟委员会和欧盟理事会监督（第 5 条）；

（4）缔约国应事先向欧盟委员会和欧盟理事会报告其公共债券的发行计划（第 6 条）；

（5）欧盟委员会可以认定某缔约国违反了赤字标准，但其他缔约国可以特定多数否决该决定（第 7 条）；

（6）缔约国可以根据欧盟委员会关于缔约国是否遵守第 3 条第 2 款转

---

① http://www.ecb.int/press/key/date/2011/html/sp111201.en.html.

化为国内法和建立国内纠正机制的评估报告，在欧洲法院对其他缔约国提起诉讼（第8条）。①

法德两国领导人在推动财政契约制定时的政治态度表明，其希望以签订财政契约为契机，推进财政联盟的建设。从最后落实的条款看，对预算支出作出了进一步的协调和限制，比如，要求缔约国政府预算必须平衡或者盈余，"年度结构赤字"下限不超过其 GDP 的 0.5%，如有违背必须进行及时并附带外部督促的纠正。财政契约有关预算支出的限制受到了德国"债务刹车"实践和理念的影响。德国"债务刹车"是财政退出战略的核心要素，也是保证公共财政质量的重要手段。"债务刹车"是德国在 2009 年引入的新赤字规则。新规则明确规定，从 2016 年开始，德国联邦政府的年度财政赤字不能超过 GDP 的 0.35%，而德国州政府在财政转型期结束后，即 2019 年后不能有财政赤字。新规则允许自动稳定器在经济上升和下降时充分发挥作用。当然新规则中也写入了例外的情况。新规则通过德国宪法予以确认，这保证了新规则能够严格执行。上述新规则意味着，从 2011 年到 2016 年，德国为了达到新的赤字标准，每年财政结构性赤字将大约减少75 亿欧元。最近德国实施的财政节制措施是实现赤字减少的重要的一步。在欧洲很多国家债务缠身的背景下，德国新赤字规则的诉求与《稳定与增长公约》的主张相匹配，不仅有利于促使德国财政可持续发展，而且可以成为整个欧盟保持财政长期稳定的一种选择。② 新赤字规则实际上成为《稳定与增长公约》的某种预防措施，财政契约实际上也受到了此规则的影响。

然而，财政契约的规则并不是对称设计的，在对支出方面作出初步的限定时，在发行债券方面并没有相匹配的规定。比如，要建设和做实欧元区经济政府，就必须对其赋予适当的权能。发行欧元区共同债券应当是欧元区经济政府具备的一项权能。欧洲主权债务危机爆发后，发行欧元区共同债券的倡议就不绝于耳。欧元区共同债券以整体欧元区的财政为担保，集中了欧元区的整体主权信用，将极大地增强投资者对该债券的投资信心，显著降低融资成本。在最初的各种倡议中，蓝色债券（Blue Bond）比较引

---

① http：//ies. cass. cn/Article/cbw/ozfl/201310/7539. asp.
② 沃纳·伊伯特：《欧洲经济财政政策协调、"退出"战略及德国的作用》，熊厚译，《欧洲研究》2010 年第 4 期。

人关注。Delpla 和 Weizsacker 提出将欧元区各成员国债务中占 GDP 比例未超过 60% 的部分汇总起来形成一种统一的欧元债务，即蓝色债券。后来，欧盟委员会在 2011 年 11 月 23 日公布关于发行欧元区共同债券"稳定债券"的三种可行性方案。①欧元区发行统一债券，17 个成员国为共同债券提供共同担保并停止发行各自的国债；②欧元区发行统一债券，为部分重债国融资，所有成员国提供共同、有限的担保，但仍各自发行国债；③欧元区发行统一债券，替换一部分成员国国债，各成员国根据所替换的份额提供相应担保。①

　　共同债券就是一种形式的财政收入的统一，但当前财政支出还没有统一，两者并不匹配。从经济层面看，财政收支的不匹配会产生一系列问题，滋生严重的道德风险；从政治层面看，低财政风险的国家将为高风险国家承担责任，必然遭受低风险国家政治团体和选民的强烈抵制。作为欧元区财政状况较好的国家，德国强烈反对发行欧元区共同债券。由此可见，欧元区共同债券虽然是欧元区经济政府必要的组成部分，但在短期内实现的难度较大。财政契约实质上仍是加强版的经济与货币联盟，只是向财政联盟迈出了第一步。②

　　在上述欧盟层面的改革措施之外，2011 年 3 月底，欧元区 17 国以及保加利亚、丹麦、拉脱维亚、立陶宛、波兰和罗马尼亚的国家元首和政府首脑以开放式协调方式通过了"欧元附加公约：为了竞争力和趋同而进行更大的经济政策协调"（The Euro Plus Pact：Stronger Econornz Polviy Coordination for Competitiveness and Covergence）。其内容再次重申欧洲联盟现有的经济治理，包括《欧洲 2020 战略》、欧洲学期、一体化指南、《稳定与增长公约》和宏观经济监管框架；承诺将行动和优先日程集中在有利于扶持竞争力和趋同的政策领域；参加国将每年承诺具体的宏观经济指标；参加国还承诺完善单一市场，认为这对于增强欧盟和欧元区的竞争力具有重要意义。在 2012 年 6 月欧盟峰会上，在法国新任总统奥朗德的强烈要求下，欧洲理事会达成"增长与就业公约"（Compact for Growth and Jobs）。"增长与就业

①　http：//finance.people.com.cn/bank/GB/16392345.html.
②　http：//ies.cass.cn/Article/cbw/ozfl/201310/7539.asp.

公约"旨在弥补当前欧盟各国紧缩政策下对经济刺激和就业刺激的严重不足。它强调，成员国应当实施有差别的"增长友好型的财政紧缩"（Growth - friendly Fiscal Consolidation），要求利用欧盟预算来吸引私营投资，并要求各国首脑刺激"高就业增长"，同时确保研发、教育和能源领域的公共投入；解决根深蒂固的不平衡问题并深化财政改革，将促进就业作为欧盟优先事项；进一步加强经济协调，保持欧元区金融稳定等等。但是，"欧元附加公约"和"增长与就业公约"都是政治协议，不是法律文件，不具有严格的法律约束力。[①]

从危机以来欧盟推出的各项改革举措来看，欧洲经货联盟已经充分意识到自身存在的结构性问题，并在市场的压力下作出了一定程度的回应，取得了一定的效果，比如，平息了市场对欧元区解体的质疑以及与此有关的投机冲击。然而，欧洲经货联盟只是迈出了一小步，在事关根本利益分配和主权让渡的关键环节上仍然未能达成充分的共识，未来的改革任重而道远。

第四节　改革与欧洲经货联盟的未来

欧债危机的爆发对欧洲经货联盟的冲击和影响很大，暴露出了欧洲政治、经济和社会等方面存在的很多结构性问题，也引发了人们对欧洲经货联盟未来发展和在国际格局中地位的质疑。正在进行中的欧洲经货联盟改革为欧洲未来的发展创造机会和条件，这是欧洲改变命运和塑造未来的重要举措。当然，制度改革面临很多的困难，存在一定的不确定性，但如果欧盟在改革上能够取得突破，必然会扭转颓势，给欧洲经货联盟注入长期增长活力，维持甚至提升欧洲的经济地位。

一　欧洲经货联盟不改革或者改革不力会怎样

欧债危机以来，关于欧洲经货联盟改革的呼声加强，各方都在论述改

---

① http://ies.cass.cn/Article/cbw/ozfl/201310/7539.asp.

革的必要性和指出不改革会导致的后果，有的说不改革会导致欧元区解体、欧洲经货联盟崩塌、一体化进程倒退，等等。

客观而言，欧洲经货联盟改革停滞的可能性很小，也就是说改革只有快慢以及表面和根本之分。这种判断基于两方面的原因：一是历史的原因。欧洲一体化和欧洲经货联盟的发展过程本身就是一个不断改革的过程，一直都在不断递进，改革由浅入深，从最早期的关税同盟一直发展到货币联盟，目前在向银行联盟和财政联盟发展。改革有停滞，甚至有倒退，但总体是在发展的，改革的基因已经植入到欧洲经货联盟建设中。二是现实的原因。在欧债危机的冲击下，欧洲经货联盟的治理短板充分暴露，财政政策、经济政策等方面协调制度的缺失的弊端已经彻底显现，并且由此造成的经济和财政不稳定压力一直没有解除。很难相信一个理性的组织或是人在认识到自己的缺点，并且这种缺点带来的外部压力还未解除时，对已经暴露的问题毫无反应。因此，欧洲经货联盟改革将在经济下行的压力中继续进行，只是有改革力度大和小、有没有效的区别。

虽然欧洲经货联盟不改革的可能性较小，但有可能出现改革不力的情形。欧洲经货联盟改革不力的情况会怎么样？可以从内部和外部两方面来看：从外部来看，欧洲经货联盟将持续失去经济竞争力，丧失技术优势，对外出口下降，在全球经济和贸易中的份额下降，导致在世界经济格局中的地位下降，沦为二流甚至三流地区；从内部来看，欧洲经货联盟内部结构失衡将持续存在，成员国之间的发展差距将进一步扩大，背负高额债务的成员国因市场融资极其困难而举步维艰。经济的恶化使各成员国都想从联盟获取利益而不想贡献，就业不景气带来社会矛盾激化，各方面问题激增使得执政党频繁更迭。长此以往，欧洲经货联盟将无法维持，不得不走向解体。

值得强调的是，即使改革不力、种种不利情况持续，欧洲经货联盟在相当长一段时期内都会存在，不可能很快走向解体，这不光是因为路径依赖的问题，还由于退出面临巨大的成本。

一是巨大的经济成本。成员国因为竞争力问题而离开欧元区，会导致该国货币大幅贬值。离开统一货币后的本国货币大幅贬值可以被预见，因此工人会要求增加工资，这会在一定程度上抵消贬值带来的外部竞争力提升的效应。同时，该国被迫以更高的利率为公共债务融资，以通货膨胀摆脱公共债务的空间会受到限制。退出欧元区成本也有可能较小，但这有严格的约束条件。一是如果退出欧元区的同时进行劳动力市场改革，真实工资将会调整。二是如果退出欧元区时伴随财政体系改革，有可能使投资者预期未来的财政赤字会更小，不一定会拉高融资利率。成员国加入欧元区的时候，公共债务融资成本出现降低，这意味着退出时很可能会升高，但也有可能通过财政治理体系的改革来实现。在现实中，这是不可能发生的，因为成员国如果能够推进上述改革措施，它也用不着退出欧元区。因此，即使民粹主义的政治家也明白退出欧元区不能够解决问题，只能够采取结构改革。

二是巨大的政治成本。退出欧元区的成员国会使留在欧元区的成员国非常不高兴。在讨论其他欧洲事务时，退出欧元区的成员国有可能被边缘化，成为二等成员。但也有人认为，这种成本是相对的，也有可能被渲染成为利益。退出欧元区的成员国政治家可以宣传他们把本国利益放在首位，而不是欧元区利益。现实地看，丹麦和瑞典也没有加入欧元区，但也没有使这两个国家成为欧盟的二等公民。

巴里·艾肯格力（Barry Eichengreen）认为，除开经济成本和政治成本，还有难以解决的退出程序问题。[1] 重新引入成员国的货币需要实现以新货币定价，包括合同工资、银行存款、债券、抵押贷款、税收和其他。立法机构将出台一部法律，要求银行、公司、家庭和政府重新以新货币定义合同。但是，在民主政体下，这个决策会面临很大的障碍，需要非常广泛的讨论。如果要顺利推进这个过程，必须进行详细规划。计算机需要重新设置，自动贩卖机和自动存取款机也得调整，钞票也得运到全国各地。从引入欧元的过程就可以知道这些程序有多复杂。

引入欧元时，市场没有理由预期汇率有巨大变化，货币投机也不盛行。1998 年，欧元区的最早成员国同意按照当时的汇率水平对成员国货币和欧元的兑换比例进行锁定。这有效地排除了成员国利用成员国货币向欧元转

---

[1] http: //www. voxeu. org/article/eurozone – breakup – would – trigger – mother – all – financial – crises.

换时期偷偷进行货币贬值以增强竞争力的行为。相反，如果现在有成员国想退出欧元区，那么就不会有这种类似的承诺。离开欧元区意味着要改变成员国新货币和欧元的兑换平价。

市场会对此高度敏感。家庭、公司会预期以新货币定价的国内储蓄存款价值将严重缩水，会把存款转移到其他欧元区国家的银行。一场规模巨大的银行挤兑将会开始。投资者也会预计到退出欧元区成员国的政府会以新货币对债券进行定价，同样会卖出该国债券，转向其他国家的债券。这会立即导致债券市场发生危机。考虑到该国已经或将要退出欧元区，欧洲中央银行不会充当最后贷款人。一般而言，选择退出欧元区通常都是竞争力和财政方面出现严重问题，财政形势不会太好，无法向银行提供救助资金，也不可能偿付公债。总之，退出欧元区会引发一场巨大的金融危机。

由此可见，即使欧洲改革不力，欧洲经货联盟解体在相当长的时期也不会发生。所谓的"解体"只是理论上存在这种可能性，是一种走投无路情况下的最糟糕选择，是一种极小概率的事件。从这个角度讲，欧洲经货联盟一定会采取措施推进改革，避免这种情况的出现，但是仅仅有良好的愿望是不足以解决问题的，欧洲经货联盟改革的顺利进行取决于诸多要素。

二　影响欧洲经货联盟改革的重要因素

欧洲经货联盟改革是一个任务繁重的系统工程，取决于很多的因素。利益驱动历来是一体化发展的主要推动要素，对于欧洲经货联盟的改革也是如此，同时欧洲认同和观念也在很大程度影响改革的推进。

（一）欧洲经货联盟改革的利益驱动

欧洲经货联盟是欧洲一体化持续发展的产物。半个多世纪以来，随着一体化程度的不断加深，各成员国之间在市场流通（既包括商品与服务，也包括两大生产要素即资本和人员的流动）与政策层面经济利益的相互渗透、交织、融合与影响，已远甚于区域外国家，达到"高度互相依赖"的程度。故从根本上讲，欧元区稳定与发展所产生的正向效应，有利于所有欧元区乃至欧盟成员国（既包括德、法，也包括希、西、葡、意等）；反之，其剧烈动荡造成的巨大负面效应，同样不利于所有成员国。从这个意义上讲，共同利益的解构甚至难于其建构。① 利益是多方面的，涉及政治、经济、文化和社会等方面。就经货联盟建设来讲，最重要的利益驱动来自于政治和经济方面。

1. 政治因素是推进欧洲经货联盟建设与改革的重要但不稳定的因素

从欧债危机以来欧洲经货联盟掀起的改革浪潮看，政治促进发挥了极其重要的作用，但其未来的推动作用还有很多的不确定性。

欧债危机既是一个经济问题，也是一个政治问题。欧债危机的发生与部分重债国家经济增长方式和财政管理失当密切相关，而欧债危机的深入和持续发酵则和欧元区纷繁复杂的政治环境紧密相连。纵观欧债危机的发展，成员国、欧盟委员会和欧洲中央银行等政治力量一直相互博弈，其博弈结果直接影响危机走势和经货联盟的改革。

欧债危机以来，欧元区政治力量的博弈形式多样。首先是欧元区成员国国内政治博弈。由于欧元区各国在欧债危机的情况各异，国家内部的政治博弈主题也不一样。对德国等财政状况较好的国家而言，国内争执的主要问题是对重债国家的救助。各种政治力量就救助的必要性、金额、策略和救助条件展开了各种较量。以德国为例，最大的在野党社民党倾向于支持救助，而执政联盟中的基民盟和自民党对救助的问题存在争执。自民党一度希望煽动德国人的疑欧情绪，但遭到了失败。由于社民党对此问题的支持，有关欧洲金融稳定工具的一系列方案都顺利通过。默克尔拥有相对充足的政治空间与重债国家展开博弈。然而，斯洛伐克的情况就很不一样。斯洛伐克的反对党直接将国内的政治分歧与救助问题挂钩，议会就欧洲金融稳定工具的扩容议案进行了两次投票，最终使得执政党垮台。

对希腊等重债国家而言，国内争执的主要议题是财政巩固方案。出于欧债危机的形势所迫，以希腊为代表的重债国家无可奈何地开始了大规模的财政巩固，其中涉及很多与民生密切相关的财政支出。在选民政治起很大作用的欧洲，执政党推行养老、医疗、失业等方面的改革无疑面临很大的掣肘。重债成员国执政党面临的执政风险远大于德国执政党。欧债危机

① 吴弦：《欧洲经济一体化：由来、发展与前景》，周弘、宋晓敏、沈雁南编《认识变化中的欧洲》，社会科学文献出版社，2013。

以来，希腊、爱尔兰、葡萄牙、西班牙和意大利都已经发生了政府的更迭。

其次是欧元区成员国之间的政治博弈。欧元区成员国之间的政治博弈也主要围绕救助以及救助条件展开。欧元区成员国之间的博弈是不平衡的，力量天平倾向于德国等提供救助的国家。主要原因可以归纳为两方面：一是重债国家无法从市场上融资，需要借助外来资金实现财政的正常运转；二是主权债务危机的发生往往与重债国家的财政支出不节制有关，重债国家处于不利的道德地位。

从博弈策略看，各成员国的博弈形式十分多样。法国在欧债危机的发展过程中一直扮演积极的角色，左右逢源，弥补和消除德国和重债国家的分歧，不断推动欧债危机的解决。由于经济实力的限制，法国不得不在很多问题上征求德国的同意，与德国保持大方向的一致。在危机爆发之初，德国的态度相对消极，以反对救助来压迫重债国实施改革，为赢得最佳的救助条件积累筹码。随着危机的深入发酵，德国开始转变策略，以一种相对积极的姿态推动危机的解决。比如，法国和德国共同提出建设经济政府，而且默克尔维护欧元区的稳定的表态越来越明确和肯定。希腊等重债国家积极运用其国内政治压力与援助国进行谈判，力求争取相对宽松的援助条件。希腊前总理帕潘德里欧甚至提出以全民投票的形式来决定欧盟救助方案。由于前文提及的博弈不平衡性，重债国家往往选择退让。在法国和德国的重压之下，希腊的全民公投计划被取消，帕潘德里欧也黯然下台。

从博弈作用看，不仅法国、德国等大国发挥作用，一些小国也在发挥作用。比如，斯洛伐克议会就欧洲金融稳定工具的扩容议案的两次投票也给主权债务危机的发展增添了戏剧性的一幕。

最后，成员国与欧盟委员会、欧洲中央银行的政治博弈。这三者的博弈一直贯穿于欧债危机的整个发展过程中。总体来看，成员国和欧洲中央银行在解决欧债危机过程中的作用相对明显，而欧盟委员会的地位比较边缘化。这三个主体在不同的议题上有不同的立场。第一，欧洲中央银行和欧盟委员会希望各成员国担负解决危机的主要责任，一直敦促建设欧元区经济政府，加强救助制度的建设和成员国的财政监督。近期，欧盟委员会甚至在德国的强烈反对下提出了欧元区共同债券的倡议。第二，考虑到重债国实施财政巩固方案的难度以及解决危机的需要，包含重债国在内的很多欧元区国家要求欧洲中央银行承担最后贷款人的角色,希望欧洲中央银行发挥更大的作用。第三,德国坚决反对欧洲中央银行扩大干预程度,而欧洲中央银行也出于对通货膨胀和自身独立性的担忧,不愿承担过分的责任。由于存在众多分歧,博弈过程十分复杂,影响了欧债危机的解决。

欧债危机以来,欧洲政治环境在博弈过程中逐渐转变。在欧债危机的初期,欧洲解决危机的政治环境相当混乱,各种力量发出不同的声音,这使得欧债危机愈演愈烈。希腊主权债务危机爆发之初,包含希腊在内的欧元区各国政府罔顾希腊面临的结构性破产问题,坚称希腊面临的是流动性问题,在各种场合宣称希腊能够解决自身问题。随着形势的发展,希腊政府开始在一些场合作出需要援助的模糊表态,并且开始与国际货币基金组织接触。欧盟委员会、法国和德国对于解决希腊问题存在巨大分歧。法国出于自身政治利益的考虑,对国际货币基金组织的介入相当抵制,提出欧洲人不需要外部帮助,有能力解决自己的问题。为了压迫希腊接受严格的救助条件和减少资金压力,德国先是表现出一种抵制救助的姿态,后来又希望国际货币基金组织介入。几经波折,终于在希腊危机爆发半年后达成了对希腊的第一次救助计划,但已经引发了欧洲公债市场的震荡和投机。此后,欧盟层面的稳定机制的建立一定程度上缓解了主权债务危机。然而,由于上文提到的欧盟存在的各种政治博弈的限制,稳定机制方案的批准和实施过程麻烦不断,各国财政紧缩方案受挫的消息不绝于耳。在这种混乱的政治状况下,本来仅限于希腊的危机不断蔓延和扩大。

在此阶段,欧洲政治环境十分混乱的原因是:一方面,欧洲政治本身确实十分复杂,难以协调,不容易达成广泛的共识;另一方面,各国政府对欧债危机认识不足,认为欧债危机破坏效应有限,不会危及欧元区的存亡和一体化的建设方向,欧洲拥有足够的空间去解决危机,甚至认为欧债危机在一定程度上还利于推进欧洲的结构改革。

随着欧债危机的持续发酵,意大利和西班牙也受到威胁,这引起市场对欧元区存续的严重质疑。欧洲一体化的目标逐渐受到欧债危机的威胁。在此情况下,欧洲的政治环境开始转变,出现了一系列积极的信号。

首先,在一些国家的政府更迭后,各国政局较之以前更加稳定。意大利、西班牙和希腊的政府首脑都进行了更换,赢得了国内政治力量对其改革的支持。意大利和希腊更是推举了两位具有丰富欧洲层面管理经验的领导人。

其次，各个成员国发出了维护欧洲团结的更加明确的声音。德、法提出了建设经济政府的主张，以长远的经济政府目标呼唤市场信心。欧元区之外的国家也表现出对欧债危机的强烈关心。波兰外长明确表示，波兰安全和繁荣的最大威胁不是恐怖主义，也不是德国坦克和俄国导弹，而是欧元区的崩溃，他还要求德国为了自己和伙伴们的利益必须担负领导欧洲改革的责任。①

再次，各国民众的情绪更加理智和稳定。虽然各国都出现了大规模的罢工和抗议，但紧缩带来的社会问题并没有演变为社会危机。各国民众在阵痛中逐渐选择了接受，意大利和西班牙的一些民众甚至发起了购买本国国债的爱国运动。希腊总理帕帕季莫斯上台后，希腊居民存款外流的现象也出现明显缓解。

最后，欧洲中央银行的姿态比以前更加开放和积极。德拉吉的上台使欧洲中央银行发出了更多的积极信号。作为掌控欧元区货币政策和具有完全独立行动能力的机构，欧洲中央银行政治姿态的改变无疑有着十分积极而深远的意义。

总之，欧洲政治环境在欧债危机中的演变过程将其一直具备的渐进性特点展露无遗。欧洲政治固有的渐进性属性也决定其无法对欧债危机作出迅速的反应，只能缓慢向前。

问题的关键是这种缓慢向前的趋势是否能够持续，会不会陷入停滞？从欧洲经货联盟建设乃至一体化的发展历史看，这存在很大可能性。在20世纪90年代经货联盟的准备阶段，有欧元区和没有欧元区是巨大的差别，是质的区别，因此，欧元区的最初成员国拥有建设统一货币区的高度的政治决心。在这种高度合作的政治意愿的推动下，各项制度措施顺利执行，各成员国在财政赤字、公共债务、通货膨胀等经济指标的逐步趋同，顺利组建了欧元区。但是，建成欧元区后，各成员国政治利益开始差别化发展，对改革的推动效应随之降低。经货联盟关于财政赤字、公共债务等设置的

---

① "I Fear Germany's Power Less Than its Inactivity," *Financial Times*, Nov. 29, 2011.

约束性指标形同虚设，法、德两国带头违反相关规定。而且，为了使这种违规合法化，甚至对《稳定与增长公约》进行修订，在原来的基础上放松相关规定，使改革走回头路。

欧债危机的爆发是促成欧洲经货联盟进一步改革的契机。危机中，欧盟及成员国领导人研究讨论了很多改革方案，虽然存在很多阻碍，很多方案无法马上采用，但明确了方向。总体方向是把经货联盟的经济支柱逐步做实，发展成为财政联盟，实现欧元区的经济政府建设目标。

当前，欧洲经货联盟改革依然沿着改革的轨道前进，但未来前进的速度难以确定。欧洲经货联盟的改革是在危机的压力下启动的，在很大程度上依靠成员国的政治合作而不是欧盟机构指引而推进。一旦危机的压力减缓或消失，各成员国推进改革的政治意愿很可能受到其他因素的干扰而出现弱化。这种弱化效应已经初露端倪，比如，关于银行联盟中的单一清算机制的政策制定一直未有结果，另外，部分成员国对危机期间达成的财政赤字削减的共识的态度也发生微妙变化。

2. 经济利益是欧洲经货联盟改革的现实而有力的推动因素

2007 年底国际金融危机爆发以来，欧元区经济状况一直不佳，经济增长低迷、财政赤字高企、政府债务比重上升、失业率居高不下。欧元区经济存在严重的问题，必须得到及时纠正，否则将严重影响欧元区中长期经济增长，侵蚀欧洲经货联盟的存在基础。当前，解决欧元区失衡问题和打破主权债务危机与银行危机的恶性循环是欧洲经货联盟的共同利益。

欧元区内的失衡问题是欧洲经货联盟改革的重要和持久的推动力。欧元区成员国的经济竞争力的差异，造成经济表现差异很大。德国、荷兰及部分北欧国家对其他欧元区国家保持贸易盈余，财政赤字和公共债务情况相对较好，希腊、意大利、西班牙及其他国家则存在贸易和财政的双赤字。2009 年，德国贸易盈余中的 59% 来自于欧元区国家，26% 来自于其他欧盟国家。① 这种失衡的状态影响欧洲经货联盟的顺利运行，造成了成员国之间的紧张状态。

欧元区内部失衡问题的原因主要是成员国生产率有较大差异。2002 年

---

① http：//www. voxeu. org/article/german – imbalance – and – european – tensions.

后，德国和其他欧元区国家全要素生产率的差距迅速扩大，德国全要素生产率约高出20%。德国全要素生产率提高的源泉是占德国经济相当比重的制造业生产率升高了，因为制造业产品是可贸易商品，流通限制较少，全球化的竞争环境加速了德国制造业的技术进步。南欧国家的经济以服务业见长，也就是擅长生产非贸易品。由于服务部门产品的非贸易性，不可能具备制造业商品那样的世界市场流动性，服务行业受全球化冲击较小，因此，南欧国家服务部门的劳动生产率提高较少。

在加入欧元区之前，这种差异可以通过德国马克升值来取得平衡。加入统一货币区后，依靠货币比价来实现调整已经不可能，只有通过德国通货膨胀或者其他国家压缩劳动成本来取得平衡。然而，在现实生活中，双方进行这种调整的空间都很有限，还需要从别的方面想办法。

依据巴拉萨－萨缪尔森效应，德国制造业的蓬勃发展一般会导致对该部门劳动力需求上升，引起制造业工人真实工资水平上升，从而带动服务部门工人工资的上升。服务部门工资上升会使提供的服务产品价格上升。制造部门的生产要利用部分服务产品，这就会提升制造业成本，再加上制造业本身工资的上升，最后就会导致制造部门成本的整体上升，制造业和服务业整体成本的上升会引起通货膨胀，形成新的平衡。但实际情况恰恰相反，出于对新兴国家廉价劳动力成本的恐惧，德国千方百计压低劳动力成本，制造部门真实工资没有出现上升，反而持续下降，使上面描述的逻辑链条根本不可能发生。另外，德国对通货膨胀一向深恶痛绝，秉持财政稳定的理念，而且欧洲中央银行以价格稳定为首要目标，这意味着德国不会采取膨胀性的经济政策，依靠德国财政扩张使其通货膨胀高于其他国家来实行调整的可能性很小。

剩下的一条路就是竞争力较弱的国家依靠降低成本进行调整。实际情况也与此相反，加入欧元区后，由于有共同货币的保护，南欧国家融资比以前变得更加容易，政府以较低的利率就可以从市场发债募集资金。这使得吃财政饭人员的工资水平上升，引发其他服务部门工资水平上升，进一步侵蚀了竞争力。国际金融危机和欧债危机的双重冲击使得宽松的融资环境消失，这些国家的经济运行陷入低谷，不得不进行结构调整。由于工资的刚性及其他一系列问题的约束，这些国家的调整将非常痛苦，减轻调整成本，必然会要求德国等情况较好的国家实行扩张性政策。欧债危机以来，南欧国家已经开始了这方面的调整，取得了一些成果。2012年下半年以来，希腊、葡萄牙、西班牙、意大利的出口逐渐超过进口，经常账户赤字已经大幅下降，目前略有盈余。2013年10月，希腊、葡萄牙、西班牙、意大利的商品出口额在2011年7月的基础上分别增长了20%、15%、13%和7%。① 纵向来看，这些国家失衡问题得到了缓解，但是部分指标显示这种趋势并不稳定。一是与欧元区其他国家相比，南欧国家的数据依然不理想。西班牙、意大利的经常账户盈余占国内生产总值的比例仅为欧元区平均水平的一半，法国甚至是经常账户赤字。二是制造业增加值占国内生产总值增加值的比重较低。德国可贸易部门增加值占国内生产总值增加值约为40%，西班牙和意大利约为30%，法国甚至不到25%。三是制造部门的公司产值也不是太理想。德国、法国和西班牙制造部门的公司数目差不多，约占欧盟总数的10%，但是产值差距巨大。德国公司产值占欧盟总产值的比重约为30%，法国约为12%，西班牙约为6%。②

两种类型的国家由于经济利益的差异必然会发生矛盾，引起关系紧张，而且由于失衡问题的解决具有长期性和持续性，这种紧张状态也会随之持续。欧债危机中，关于"德国的欧洲"还是"欧洲的德国"争论和担忧重新点燃，就是这一紧张状态的体现。不过，无论如何欧元区成员国都要解决这一失衡问题，因为这涉及欧元区的团结和存续，这是德国和意大利、西班牙等成员国的长久和最根本的利益。就改革路径来看，在新兴经济体的冲击下，想要推动德国等国家拉高成本实现平衡的药方无疑是非常愚蠢的，在"五十步笑百步"的财政窘境中寄希望于德国等国家的财政扩张也是希望渺茫的。因此，未来可能的改革还是竞争力较弱的国家严格实行结构改革，欧盟及其他国家尽可能地给予相应的资金和政策配套措施支持，更为重要的是要想办法激活服务业的技术进步，依靠技术进步推动生产率的提升。这种思路从欧盟的改革路线图依稀可以看出，欧盟层面需要创造出一个好的改革制度框架，重点是针对问题较多的国家，情况较好的国家

---

① http：//www. voxeu. org/article/increasing－competitiveness－southern－eurozone.

② http：//www. voxeu. org/article/no－miracles－southern－eurozone－without－resource－realloca-tion.

则要给予相应的资金支持和信誉担保，另外，《欧洲2020战略》也强调了研发投入对于技术进步的重要性。

打破主权债务危机和银行危机的恶性循环是推动欧洲经货联盟改革的直接动力。欧债危机显示了主权债务和银行问题之间的怪圈。从主权债务危机的角度看，银行在经济和金融危机中受到损失，自身资产遭受巨额损失，流动性出现问题，无法周转资金，陷入挤兑的恐慌，不得不需要外部救助。现实地看，欧元区银行部门银行间的救助机制是缺失的，另外，危机中其他银行的经营也存在问题，依靠其他资质好的银行进行兼并也不容易。可行的选择就是向政府寻求救助。银行部门对经济运行具有系统性影响，银行间的关联非常密切，救助不及时很可能引发危机传染，一发而不可收拾。成员国政府必须予以救助，然而救助银行所需的资金巨大。危机期间，成员国政府的财政状况本来就不好，再加上巨额银行救助，在缺乏整个欧盟层面救助机制的情况下，成员国政府很快会陷入主权债务危机。从银行危机的角度看，欧元区银行一般持有相当比重的公共债券，而且这些债券由于公共债务的性质一般都被作为安全资产，通常是银行持有的最重要的优质资产。主权债务危机一旦发生，这些债券大幅缩水，资产本身要是缩水，也很难用这些债券作抵押获取欧洲中央银行的流动性贷款，另外，还会因为会计规则的要求对银行的经营造成进一步影响（比如核心资本减少，影响资本充足率，需要另行筹资或者收缩贷款业务），诱发银行危机。

这种恶性循环产生的压力直接推动了欧元区出台相关方面的改革措施，比如，成立了欧元区层面的欧洲稳定机制，准备筹建银行联盟。当前推出的措施是远远不够的，要真正解决这一问题还需要不断的改革。

三 欧洲经货联盟改革方式和举措的差异性长期存在

欧洲经货联盟在不同的发展阶段采取了不同的改革模式，即使在当前也没有完全采用同一类模式进行，而是多种模式并存。不同政策领域的协调模式互相影响、互相作用。欧盟经济一体化发展各阶段的程度不同和其他一些因素导致了欧盟货币政策及其配套政策协调的多样化模式的存在，协调模式因具体时间和政策领域的不同而有所区别。根据欧洲经货联盟的多个改革原则，欧洲经货联盟改革方式会有所差异，大概可以分为超国家方式、共同决策方式、政府间协商方式以及开放式协调方式。

（一）超国家方式

超国家方式就是要组建一个负责决策的超国家机构，决策和执行能力完全集中在该机构，超国家机构在没有各成员国政府参与的情况下控制和掌握决策权。超国家方式对应着欧洲经货联盟制度化的一体化的改革原则。欧盟委员会、欧洲中央银行都是超国家机构，分别负责对外贸易、货币事务。

欧洲中央银行从框架设计上主要是以德意志联邦银行的操作模式为蓝本，德意志联邦银行是公认的独立性最强的中央银行之一。欧洲中央银行在独立性的设计上有过之无不及，加上《马约》对欧洲中央银行赋予的较强的独立性，因此欧洲中央银行被认为是世界上最具有独立性的银行之一。[①] 与其较强的独立性相比较，欧洲中央银行的责任性相对较弱。欧洲中央银行的责任义务应包括货币政策的最终目标的决策、实施货币政策的透明度及最终责任三个方面。在货币政策的最终目标的决策和实施货币政策的透明度方面，欧洲中央银行责任性较强，其较弱的方面主要体现在货币政策的最终责任。根据《马约》规定：欧洲议会对欧元区的货币政策负有最后的责任，欧洲中央银行应定期向欧洲议会汇报其货币政策的相关活动。这和普通欧洲国家议会与中央银行的关系形式上是相同的，但问题的关键是欧洲议会与欧洲中央银行之间的关系不能简单地同一国国内议会与国内中央银行之间的关系相提并论。欧洲议会没有权力修改欧洲中央银行的法律基础。也就是说，欧洲议会对欧洲中央银行没有直接的制约。显而易见，欧洲中央银行的责任感就比诸如美国、日本、英国等国家的中央银行弱。于是，这就造成了欧洲中央银行的独立性与欧洲社会的民主程序的不一致，即存在所谓的"民主赤字"。这就会产生两个方面的问题：一方面，如果欧洲中央银行规定的通货膨胀率过低以及相应的货币政策措施过于严苛，超出了社会公众能够接受的程度，这就有可能导致欧洲中央银行与社会公众之间的关系

① 郭洪俊：《欧洲中央银行的独立性问题》，《国际金融研究》1998 年第 8 期，第 13~16 页。

紧张；另一方面，如果欧洲中央银行在实际过程中没能完成稳定物价的货币政策目标，没有一个程序来对其决策层成员的失职进行制裁。[1] 要从根本上解决欧洲中央银行"民主赤字"的问题，就应当赋予欧洲议会对改变欧洲中央银行地位的实质动议权和执行权，但要做到这一点是不容易的，因为它涉及整个欧洲联盟机构改革的问题。由于欧元区货币事务完全由欧洲中央银行主导，未来涉及"民主赤字"改革方面的议题肯定会采取超国家的方式进行。另外，在欧债危机中，欧洲中央银行已经逐步发展成为准最后贷款人，未来有可能得到进一步正式明确。这一项改革的推进就会主要由欧洲中央银行负责，采取超国家方式进行。

目前超国家机构的职能十分有限，主要集中在市场领域，从最初的共同市场、共同农业政策、共同关税到区内的货币一体化。其他政策领域仍然需要各成员国的参与才能实现有效协调。

（二）政府间协商方式

政府间协商方式指通过定期召开的政府间首脑会议以及由政府首脑组成的欧盟委员会峰会，成员国政府相互协商、达成共识，并制定共同同意的条约。这种方式体现了多边主义磋商、双速推进和辅助性等多个原则。这些条约即成为成员国行为的共同约束。根据《马约》的规定，欧盟的政府间模式主要应用于"第二支柱"（共同外交和安全政策）和"第三支柱"（司法与内务合作）。近年来，辅助性原则的确立使得在"第一支柱"领域内，具有政府间特征的欧盟理事会的决策权比委员会权力更重要，比如间接税的协调。同时由于各成员国都不愿意放弃在那些与自身利益相关的事务中行使否决权，因此，政府间协商方式也在不同国家间的特定政策领域内得到应用，如英国在税收、社会保障和国防等方面，德国在移民问题上以及法国在国际贸易和文化领域都坚持拥有否决权。[2]

欧洲早期的货币政策协调中也采用过政府间协商方式。在《罗马条约》

---

[1] 周茂荣：《试析欧洲中央银行的独立性》，《武汉大学学报》2000 年第 6 期，第 765 ~ 769 页。

[2] 吴志成：《治理创新——欧洲治理的历史、理论与实践》，天津人民出版社，2003，第 358 ~ 365 页。

时期,《罗马条约》中就写入了关于"各成员国政策应逐步趋同"的规定,并要求成员国的经济与货币政策应保证国际收支平衡,维持币值信心,促进就业和物价稳定,要求成员国对经济政策、汇率政策、货币政策给予共同的关心。这就是典型的政府间协商方式。当前,政府间协商方式仍然对欧洲经货联盟发挥着重要的影响,比如,"欧元附加公约"和"增长与就业公约"就是以这种方式签订的。

政府间协商方式存在约束力较弱的问题,但对一些还未达成共识的改革议题甚至可以通过这种方式形成一种概念性的解决方案,宣示成员国的政治决心。

(三) 共同决策方式

共同决策方式将政府间协商和超国家治理相结合,形成了一种"网络治理"机制。欧洲联盟是一个高度发达的意见交换体系,然而,作为信息收集、加工、合议和传输的工具,欧盟在功能上比成员国政府更加强大。由于其多元化的网络体系结构又没有类似政党的利益聚合机制,欧盟治理更能摆脱权威而在合议的协约基础上实现稳定。[1]

共同决策方式的优点是超国家的机构决策时更多地考虑了各成员国的意愿。现在欧盟委员会掌握立法权,但需要经过部长理事会采纳和批准才能正式确定,因此,在共同决策过程中,委员会将来自理事会、成员国政府、欧洲议会、次国家政府、合伙组织以及大公司和利益集团的不同意愿加以汇总,并把这些意愿转化为相应的立法议题。将各成员国的意愿考虑进来的原因是:如果成员国联合起来共同反对委员会的原始创议权,或者国家利益受到了严重威胁,即使有委员会和欧洲议会的参与,泛欧洲层级上的解决方案也不能达成。

共同决策方式最大的弊端是合法性受到削弱,因为虽然成员国有很大的权力阻止委员会立案,但原始创议权仍然赋予超国家机构以很大的权力,共同决策中成员国政府的作用被越来越多的超国家机构的参与所削弱,这

---

[1] Beate Kohler – Koch, "European Networks and Ideas: Changing National Policies?" *European Integration Online Papers*, vol. 6, 2002, http://eiop.or.at/eiop/teste/2002 – 006a.htm.

导致决策失去了政府间基础。共同决策方式为了寻求共同决策的合法性，更多地应用于那些由各成员国政府、泛欧洲机构取得共识的问题，比如，欧洲稳定机制的建立和财政契约的签订。

对于欧洲经货联盟改革，共同决策方式是超国家方式实现不了的一种次优选择。在欧债危机中，这种方式被多次采用。比如，在欧洲稳定机制的建设过程中，欧盟及其成员国最早设计的救助机制既包括欧盟层面的机制——欧洲金融稳定机制，又包含欧元区政府间提供的工具——欧洲金融稳定工具。随着欧债危机的深入发酵，欧委会和成员国都有意愿将救助机制从临时性的变为永久性的，但囿于欧盟条约中不救助条款的限制，采取了成员国推动的国际条约形式来实现这一目标。

（四）开放式协调方式

开放式协调是为了弥补共同决策和政府间协商方式中决策能力低下和合法性不足的缺陷提出的新的治理方式。它是一种较新的欧盟治理方式，建立在成员国自愿合作的基础上，涵盖信息、科研、教育以及就业等方面的政策机制。

开放式协调的机理，是建立一个虚拟的"政策学习小组"，利用群体压力，促使成员国的相关政策向欧盟确定的共同目标靠拢，从而实现各成员国相关政策的趋同。其具体内容包括：指导欧盟实现短期、中期以及长期目标的行动纲领；根据成员国的客观要求确定执行标准，对各国行为起指示和约束作用；通过制定具体目标和适应不同国家地区差异的措施，将指导路线转化为国家或地区政策；监测、定期评估并组织成员国之间相互学习。[1] 虽然这种方式的拘束力弱于欧盟传统的指令方式，但其效果却可能比指令方式要好。开放式协调鼓励欧洲层面的合作，为那些依然完全属于成员国内部事务的政策领域，带来结构性改革。与共同决策模式相比，开放式协调突破了欧盟委员会对立案问题的垄断局面。开放式协调已经运用在欧盟各国的社会保障政策方面的协调，并在逐渐推广中，这种方式为欧盟

---

[1] 吴志成：《治理创新——欧洲治理的历史、理论与实践》，天津人民出版社，2003，第363～364页。

提供了一种整合成员国改革实践的机制。

开放式协调使各成员国可以根据实际情况对各自的政策在欧洲层面上自由协调，这对解决社会保障政策、就业政策的协调起到了有益的促进作用。

多种改革方式并存说明了欧洲经货联盟的改革不仅要体现经济、货币一体化的自发演进与人为设计的统一，而且要充分考虑各成员国的实际情况和诉求。从欧洲货币一体化的历史看，整体上欧盟在走向货币一体化，而且统一的货币政策与分散的其他宏观经济政策的协调模式也在趋同。但是这种趋同迹象并不意味着它们的完全一致性及其多样性和具体差异的消失。由于欧盟不是国家民族机构，它不可能具有完全的管辖权和强制力，财政政策、社会保障政策等仍属于各国的内部事务。欧盟货币政策与其他宏观经济政策的协调仍将长期保持各自的某些具体特色、维持各自不同的国家机构设置，而且就是货币政策与财政政策协调、货币政策与社会保障政策协调等不同方面趋同的速度都会不一样。产生这种差异的主要原因是各成员国的制度结构和政策实施不尽相同。因此，考察未来各成员国经济政策协调是走向趋同还是差异时，要侧重分析欧盟层面的政策对各成员国的政策影响的差异。

欧盟层面的政策对成员国的影响主要取决于三个可变因素：欧盟层面的政策性质；各个成员国的政策实施模式及其制度化程度；从转型成本和将来解决问题能力的收益来看，国家政策适应欧盟层面的政策的成本收益之比。一般认为，欧盟的权限不断扩大，正在涵盖越来越多的政策议题和政策领域（从共同的关税、农业政策、经济货币政策到货币的统一），其干预的频率与深度对成员国产生了深刻的影响，导致各成员国的各项政策日益统一到泛欧洲层面。虽然有这种趋势，但导致差异的因素仍然存在，各成员国相同政策的差异、成员国间政策协调的差异仍将长期存在下去。

首先，欧盟的各项政策之间有空白，没有给成员国指明方向。各个政策领域内部和跨政策之间的协调程度也不一样，各成员国有很大的空间制定自己的政策。欧盟层面一般都以指令形式下达，在《欧洲宪法》通过之前，起法律约束作用的条款很少。这种指令给各成员国留下了很大的政策制定空间，而且欧盟的辅助性原则进一步强化了成员国的权力。

其次，各成员国的内部相关政策制定部门的制度结构和运行机制也不完全相同。而国家制度发展的"路径依赖"现象非常明显。在这种情况下，欧盟政策对各成员国相关政策的影响还必须考虑国家制度差异的因素。由于历史的原因，欧盟各成员国都形成了自己的发展模式，英国、法国、德国和北欧国家之间的制度结构就不尽相同。以社会保障政策为例，英国的社会保障虽然也发展完善、保障较为全面，但与北欧的高福利模式相比仍然要逊色很多。要让这两种类型的国家在较短的时间内实行相同的社会保障政策，那是不可想象的，而且也不为这些国家所接受。

再次，不能光从制定政策的具体部门分析这种影响，而要综合分析，结合一些能够影响政策制定的因素：人类社会的发展理念、整个国家的政治理念、各国政治运作的一般程序、公私关系等。这些因素有的对各国政策协调起正面效应，有的起负面效应。比如，当前全球化、可持续发展和市场自由化等理念深入人心，获得了全球范围内的普遍认同。在这种思潮的压力之下，单个国家也必须逐渐适应并予以接受。纵观欧洲经济一体化的进程，成员国追求市场和自由的基本价值取向加速了其经济的融合。这对各成员国政策协调是起推动作用的，导致各项政策趋同。

欧盟提出和制定政策，而贯彻执行欧盟政策对各成员国的制度结构和政策的影响很小。其理论理由在于欧盟的多边主义磋商机制：欧盟政策酝酿的模式在一定程度上反映了各成员国的政策融合。在大多数成员国中，欧盟政策的协调与谈判已经融合到既定的常规和实践之中，一项政策的出台需要各成员国不断地协商，直到各成员国达成一致性意见，以至欧盟政策一旦制定，就意味着各国实际上已经认可了该项政策，而国内相关机构就必须服从国家意志。这其实是一种反向的机制，是各成员国的意愿在影响欧盟政策的制定，而不是欧盟政策的制定在对各国的政策达成影响。从这个角度来说，欧盟各成员国的政策差异存在下去是有可能的。

最后，各成员国对欧盟政策的适应成本的不同也会导致差异。现在的欧盟成员国的国家模式不完全相同，如法国、英国、西班牙和意大利的国家主义观念较为浓厚，德国的法团主义，北欧国家的高福利模式。欧盟采用的是一种网络治理模式，多方参与政策的制定，包括了公私关系。这些不同的国家模式在往共同的泛欧洲层面治理模式转型的时候，其转变成本和适应成本是大不相同的。这可以从不同国家对待欧洲一体化的态度进行考察，德国为促进欧洲一体化负担了巨大的经济压力，但其收获了其他成员国对德国信任感的提升，而且推广了德国理念；法国以在欧洲获取更大的支配权和消除德国威胁为交换接纳了欧洲一体化；意大利、希腊和西班牙为使本国经济进一步发展而愿意融合；英国由于岛国的边缘思维和自身经济相对强大，对欧洲经济一体化的态度暧昧。正是由于各成员国的国家治理模式对欧盟的治理模式的适应成本不相同，成员国间经济政策的协调的方式和程度都不尽相同。还有就是一国维护自身模式的能力和意愿的程度强弱也影响适应成本，较小和较穷的成员国更有可能接受欧盟的政策。①

总之，虽然欧洲经货联盟改革出现了趋同的迹象，日益向超国家方式运转，但由于许多主观和客观因素的影响，各成员国间的政策协调在当前和今后很长一段时间仍然会存在差异。

四 要以长期的眼光审视欧洲经货联盟的改革和欧洲的未来

历史地看，第二次世界大战以来欧洲一体化及其相关改革一直在推进，但推进的节奏有所不同，危机和压力往往是促进一体化深入发展的重要动力。在国际金融危机和欧洲主权债务危机的双重冲击下，欧洲经货联盟的改革动力被激活，欧元区在超国家和国家两个层面采取了一揽子的财政巩固及配套改革措施，逐步向银行联盟、财政联盟迈进。短期来看，欧元区推出的一些改革措施已经取得了效果，在一定程度上遏制了欧债危机的蔓延。然而，欧元区积累的财政、经济等方面的问题，不是一朝一夕就能解决，改革的效应需要一定的时间才能够显现。另外，改革措施是否对症、改革步伐是否能够延续，这些都存在巨大的不确定性。因此，必须以一种长期的眼光判断欧洲经货联盟改革。

以财政问题为例，有利于深刻认识欧洲改革的长期性和复杂性。国际金融危机和欧洲主权债务危机爆发之前，欧洲的财政形势就十分严峻。为此，欧盟每年都出台稳定与趋同评价报告，对各个成员国的财政可持续状况进行评估，并提出改进建议。然而，欧洲的财政主权仍然归于成员国，欧盟层面软约束并没有带来明显的效果。受限于国内政治和社会压力，大部分成员国的财政开支仍然不节制，财政改革在相当部分的成员国并没有

① 吴志成：《治理创新——欧洲治理的历史、理论与实践》，天津人民出版社，2003。

取得明显效果。评价这一轮的财政巩固措施必须先解决一个问题，即财政巩固政策的持续性。

推进财政巩固将会是各成员国的一项长期而艰巨的任务。回顾欧洲财政状况的发展可以发现，从1985年至今，欧洲国家的债务负担情况在两个时期有着明显的变化趋势：一是1985~1995年的上升阶段；二是1995~2000年的下降阶段（如表5-1所示）。1985~1995年债务负担增加的主要原因是，冷战结束后，建设福利国家、保障人民生活上的优越性成为欧洲人的一种共识，这导致负债迅速上升。1995~2000年减少的原因是，为建设统一货币区，各成员国的财政赤字和负债比例必须达标，这促成负债比例迅速降低。2000~2010年总体呈现上升趋势，这既是国际金融危机和欧债危机冲击的结果，也是加入欧元区后成员国对财政约束规定执行不严的结果。

表5-1　1985~2010年欧洲政府债务占国内生产总值的变化

单位：%

国　家	1985	1995	2000	2005	2010
奥地利	48	68.3	66.4	63.7	73.9
比利时	115.1	129.8	107.8	92.2	101.2
丹　麦	74.7	72.5	51.7	37.1	35.3
芬　兰	16	56.7	43.8	41.4	47.4
法　国	30.6	55.5	57.3	66.4	82.5
德　国	39.5	55.6	59.7	67.8	76.7
希　腊	49	99.2	101.8	98.8	124.9
爱尔兰	100.6	81.1	37.7	27.5	82.9
意大利	80.5	121.5	109.2	105.8	116.7
卢森堡	10.3	7.4	6.4	6.1	16.4
荷　兰	69.7	76.1	53.8	51.8	65.6
葡萄牙	58.4	61	50.4	63.6	84.6
西班牙	41.4	62.7	59.2	43	66.3
瑞　典	60.9	72.1	53.6	51	43.6
英　国	51.8	72.1	53.6	51	43.6
国平均	51	69.6	63.1	64.2	81.8

资料来源：Christiane Nickel, Philipp Rother and Lilli Zimmermann, "Major Public Debt Reductions: lessons from the Past, lessons for the Future," No. 1241, September 2010, *ECB Working Paper Series*, p. 9。

从政府债务的变化可以看出，欧洲财政改革的力度在各阶段是不一样的，这导致改革效应也不一样，因此，从短期角度看欧洲的改革和欧洲未来很难得出准确的结论。当前，欧洲经货联盟改革存在诸多不利因素，但更多的是有利因素。

阻碍改革的最主要因素在于政治推动力有可能发生变化。欧债危机期间，迫于危机的压力，欧元区成员国逐渐形成了强烈的政治合作愿望，但随着危机的逐渐消除，欧洲政治合作愿望可能会因为固有的、最本质的结构性问题而减弱。欧洲经货联盟改革的政治结构性问题在于民族和国家的"错位"发展。在欧洲一体化的历史进程中，民族国家牢固的领土边界被打破了，领土空间中的各类中心必然出现不同速度的转移和重组。民族国家中的经济和法律等机制来自于国家建设历程，它们遵照功能性规律向欧洲联盟层面转移；民族国家中的社会、文化等机制来自于民族建设的历史，它们根据民族性逻辑滞留在民族国家的层面。民族和国家在欧洲一体化时代的"错位"发展，将那些出现于民族国家形成之时，受到民族和国家两种力量双重推动的、类似社会再分配的机制置于肢解状态。尽管欧洲联盟在想方设法重新整合功能和民族这两种推动力，用"辅助性原则"来发挥民族的作用，而用"共同体政策"来拉动功能性发展，但是两者之间的矛盾和裂缝比比皆是。在很多场合下，欧洲联盟保护市场、发展经济中心的努力被诠释成为权力转移游戏，欧洲一体化一方面被民族国家的政府借用以推行必要的改革，另一方面又被用于转移民众对现状的怨恨。[①] 当前，欧洲认同远未形成，对政治合作是一种不利的干扰。这也意味着，在欧债危机和经济不景气压力趋缓的情况下，推动欧洲经货联盟深入改革的强烈的政治合作愿望很可能发生变化。

客观来讲，当前欧洲经货联盟改革具备的有利因素也不少。一是欧洲已经形成了改革的强烈共识。从历史发展看出，主流思想和统一认识对欧洲政策的取向有重要影响。以财政巩固为例，欧洲国家的财政形势严峻，已经形成了不减不行的普遍看法，在观念上这已经成为政策制定者的共同

---

① 周弘：《民族建设、国家转型与欧洲一体化》，周弘、宋晓敏、沈雁南编《认识变化中的欧洲》，社会科学文献出版社，2013。

认识。虽然有人提出德国应采取措施刺激经济增长，但这种主张都是有一定前提条件的，即必须保持长期的财政稳定。二是经济不景气的压力持续存在。2008 年以来，欧洲经济除 2010 年出现短暂复苏势头以外，一直萎靡不振，可以预见未来几年也不会发生明显好转。比如，市场对部分欧洲公债的信心不强，导致公债利率很高，政府难以从市场融资或是融资成本很大。要恢复市场对公债的信心、降低公债利率，就必须实施可信赖的财政巩固措施。经济下行的压力会迫使欧洲经货联盟推进改革，提升竞争力。三是全球化对欧洲产生了巨大冲击。以中国为代表的新兴经济体对欧洲的经济竞争性日渐增强，在技术研发、经营策略、资金投入、经贸规则制定等方面与欧洲的差距逐渐缩小。为应对全球化的挑战，避免被挤出世界经济格局中心，欧洲经货联盟也必须进行改革。如果欧洲抓住有利机会，顺利推进改革，必然会扭转颓势，给经济注入长期增长活力，维持甚至提升欧洲的经济地位。

总之，欧债危机暴露的是国际格局调整下的欧盟生存危机，是其一切社会、经济结构问题的整体体现，这种长期积累的问题，只能在一个中长期的框架内解决。欧洲只有提供了一个可信的经货联盟改革框架，并且在实施上信守承诺以及加速一体化的整合，才有可能维持其作为一个整体在国际格局中的地位。

这种中长期调整针对的是实质性和根本性的发展模式问题，难度相当大。如果处理不当，极易失败，虽然出现欧元区崩溃、欧洲经货联盟解体这种状况是小概率事件，但很可能成为欧洲走向相对衰落的拐点。欧洲人也敏感地意识到这一点，权力转移论在欧洲国际关系学界相当流行。即使是这种权力转移正在发生，但发生速度和调整力度也将是缓慢的。首先，欧洲仍然是世界上最大的经济体，其 GDP 约占全球的三成，瘦死的骆驼比马大。其次，当前中国等新兴国家的发展是一种独特的依附式发展，即面向发达国家打开国门取得发展。发达经济体的急速衰败必然对这种发展方式产生冲击。最后，权力的转移速度还取决于欧洲自身的改革状况。

根本而言，欧洲经货联盟的未来取决于其正在和即将实施的经济治理与一体化整合的有效性，在当前有利和不利条件均存在的情况下，欧洲经货联盟的改革和未来存在巨大的不确定性。

主要参考文献

[1] Alesina, A. and Grilli, V. , "On the Feasibility of a One – or Multi – Speed European Monetary Union," NBER Working Paper, No. 4530, 1993.

[2] Baek, Seung – Gwan and Song, Chi – Yong, "Is Currency Union a Feasible Option in East Asia?" in Han Gwang Choo and Yunjong Wang, eds. , *Currency Union in East Asia*, Korea Institute for International Economic Policy, 2002, pp107 – 145.

[3] Baldwin, "The Euro's Trade Effects," ECB Working Paper Series, No. 594, March, 2006.

[4] Bayoumi, T. , and B. Eichengreen, "One Money or Many? Analyzing the Prospects for Monetary Unification in Various Parts of the World," *Princeton Studies in International Finance*, No. 76, 1994.

[5] Bayoumi, T. and Eichengreen, "Ever Closer to Heaven?: An Optimum – currency – area Index for European Countries," in *European Economic Review*, Vol. 41, 1997.

[6] Bayoumi, T. , and P. R. Masson, "Fiscal Flows in the United States and Canada: Lessons for Monetary Union in Europe," *European Economic Review*, Vol. 39, 1995, pp. 253 – 274.

[7] Berg, A. & Borenstein, E. , "Full Dollarizaton: The Pros and Cons," *IMF Economic Issues*, No. 24, 2000.

[8] Buti, M. , and A. Sapir, eds. , *Economic Policy in EMU*, Oxford: Claren-

don Press, 1998.

[9] Buiter, "Optimal Currency Areas: Why does the exchange rate regime matter?," CEPR Discussion Paper, No. 2366, 2000.

[10] Cohen, B., "Optimum Currency Area Theory: Bring the Market Back in," *International Trade and Finance: New Frontiers for Research*, Essays in Honor of P. B. Kenen/B. Cohen, eds., Cambrige University Press, 1997.

[11] Choi, Changkyu, "The Benefits and Costs of an East Asian Currency Union," in Han Gwang Choo and Yunjong Wang, eds., *Currency Union in East Asia*, 2002, pp. 81 – 105.

[12] De Grauwe, P. and W. Vanhaverbeke, "Is Europe an optimum currency area evidence," from Regional CEPR Discussion Paper, No. 555, 1991.

[13] K. Dowd and D. Greenaway, "Network externalities and switching costs," *Economic Journal*, September 1993.

[14] Eichgreen, B., "One Money for Europe? Lessons of the U. S. Currency Union," *Economic Policy*, Vol. 10, Apri, pp. 1 – 75.

[15] Eichengreen, B., "Europe Monetary Unification: A Tourd' Horizon," *Oxford Review of Economic Policy*, Vol. 14, pp. 24 – 40.

[16] Eijffinger, S. C. W., *Foreign Exchange Intervention: Objectives and Effectives*, Cheltenham: Edward Elgar Publishing Ltd.

[17] Emerson, M., D. Gros, A. Itanlianer, J. Pisani – Ferry, and H. Reichenbach, *One Market, One Money*, Oxford: Oxford University Press.

[18] Francesco Paolo Mongelli and Juan Luris Vega, "What effects is EMU having on the Euro Area and its member countries?", ECB Working Paper Series No. 599, March 2006.

[19] Frankel, J., "No Single Currency Regime Is Right for All Countries or at All Time," NBER Working Paper, No. 7338, 1995.

[20] Frankel, Jeffery A., and Andrew K. Rose, "The Endogeneity of the Optimum Currency Area Criteria", *Economic Journal*, Vol. 108, 1998.

[21] Fratianni, M., and J. von Hagen, *The European Monetary System and European Monetary Union*, Boulder: Colo Westview, 1992.

[22] Friedman, M., "The Case for Flexible Exchange Rates," in M. Friedman, *Essays in Positive Economics*, University of Chicago Press.

[23] Giavazzi, F. & Giovannini, A., *Limiting Exchange Rate Flexibility*: *The European Monetary System*, MIT Press.

[24] Hefeker, C., "Monetary Policy in a Union of 27: Enlargement and Reform Options," *Intereconomics*, Vol. 37 (6), pp. 315 – 320.

[25] Ingram, J. C., "Comment: the currency area problem," in Mundell, Alexander & Swoboda eds, *Monetary Problem of the Intenational Economy*, University of Chicago Press, 1969.

[26] Kenen, P., "The Theory of Optimum Currency Areas: An Eclectic View," in R. Mundell and A. Swoboda eds., *Monetary Problems of the International Economy*, Chicago: University of Chicago Press, 1969.

[27] Kenen, P., *Economy and Monetary Union in Europe*, Chicago: University of Chicago Press, 1995.

[28] Klimenko, "Economic Theory of Regionalism and Political Economy of Integration," Papers presented at International Workshop on Regionalism and Globalizationism, Nankai University, July 15th – 28th, 1998.

[29] Krugman, P., "Trigger Strategies and Price Dynamics in Equity and Foreign Exchange Markets," NBER Working Paper, No. 2459, 1987.

[30] Krugman, P., "Differences in Income Elasticities and Trends in Real Exchange Rates," *European Economic Review*, Vol. 33, pp. 1031 – 1047, 1989.

[31] Krugman, P., "Policy Problems of a Monetary Union," in P. De Grauwe and L. papademos, eds., *The European Monetary System in the 1990s*, London: Longman, 1990.

[32] Masson, J. & Mauro, P., "Exchange Rate Regime of Developing Countries: Global Context and Individual Choices," A Paper Presented at the International Conference on Exchange Rate Regimes in Emerging Market Economics, Tokyo, Dec. 17th – 18th, 1999.

[33] Micco, A., Ordonez, G., and Stein, E., "The Currency Union Effect on Trade: Early Evidence on Trade," *Torthcoming in Euronomic Policy*, Lon-

don：CEPR，2003.

［34］Mickinnon，R.，"Optimum Currency Areas," *American Economic Review*，53：717 –725.

［35］Mundell，R.，"A Theory of Optimal Currency Areas," *American Economic Review*，51：657 –675.

［36］Mundell，Robert，"Currency Areas，Exchange Rate Systems and InternationalMonetary Reform," Paper delivered at Universidad del CEMA，Buenos Aires，Argentina，on April 2000.

［37］OECD，*Economic Outlook*，Paris：OECD，1990.

［38］Rose，Andrew K.，"One Money，One Market：Estimating the Effect of Common Currencies on Trade," *Economic Policy*，30：9 –45，2000.

［39］Tower，E. & Willet，T.，"The Concept of Optimum Currency Areas and the Choice Between Fixed and Flexible Exchange Rates," in Halm，eds.，*Approaches to Greater Flexibility of Exchange Rates*，Princeton University Press，1970.

［40］Williamson，J.，*Estimating Equilibrium Exchange Rates*，Washington，DC：Institute of International Economics，1994.

［41］Wilson，J. D.，"Theories of Tax Competition," *National Tax Journal*，20：269 –304.

［42］保罗·德·格芬威等：《货币联盟经济学》，汪洋译，中国财政经济出版社，2004。

［43］塞尔维斯特尔·C. W. 艾芬格、雅各布·德·汉：《欧洲货币与财政政策》，向宇译，中国人民大学出版社，2003。

［44］周弘：《认识变化中的欧洲》，中国社会科学院国际研究学部集刊第6卷，社会科学文献出版社，2013 年8 月。

［45］约翰·伊特韦尔：《新帕尔格雷夫经济学大辞典》（中译本），经济科学出版社，1996。

［46］A. M. 阿格拉：《欧洲共同体经济学》，戴炳然等译，上海译文出版社，1983。

［47］裘元伦等：《欧元生成理论》，社会科学文献出版社，2001。

［48］裴元伦等：《欧洲经济货币联盟》，社会科学文献出版社，2001。

［49］王广谦：《20世纪西方货币金融理论研究：进展与述评》，经济科学出版社，2003。

［50］李天德：《欧盟区域政策及其效应研究》，四川大学出版社，2003。

［51］成新轩：《欧盟经济政策协调制度的变迁》，中国财政经济出版社，2003。

［52］克鲁格曼、奥伯斯法尔德：《国际经济学》（第4版），海闻等译，中国人民大学出版社，1998。

［53］张亦春：《金融市场学》，海闻译，高等教育出版社，2003。

［54］吴志成：《治理创新——欧洲治理的历史、理论与实践》，天津人民出版社，2003。

［55］李富有：《区域货币合作：理论、实践与亚洲的选择》，中国金融出版社，2004。

［56］柯武刚、史曼飞：《制度经济学》，韩朝华译，商务印书馆，2003。

［57］约翰·鲁杰：《多边主义》，苏长和等译，浙江人民出版社，2003，第10～15页。

［58］中国社会科学院欧洲研究所：《欧洲发展报告2003～2004年》，社会科学文献出版社，2004。

［59］李天德、吴展：《欧洲中央银行货币政策的二元性矛盾》，《西南民族大学学报》2000年第6期，第89～92页。

［60］李天德、曾忠东：《欧元启动对国际货币体系的影响》，《西南金融》1999年第4期，第7～9页。

［61］熊厚：《主权债务危机下的欧洲财政改革》，《国际问题研究》2011年第5期。

［62］沃纳·伊伯特（Werner Ebert）：《欧洲经济财政政策协调、"退出"战略及德国的作用》，熊厚译，《欧洲研究》2010年第4期。

［63］中国社会科学院欧洲研究所课题组：《希腊债务危机的由来及其对我国的影响》，《欧洲研究》2010年第2期。

［64］叶斌：《欧债危机下欧盟经济治理与财政一体化的立法进展》，《欧洲研究》2013年第3期。

［65］申皓、周茂荣：《试析欧洲中央银行货币政策战略》，《世界经济》

2000 年第 8 期，第 72 ~ 76 页。

[66]　黄梅波：《最优货币区理论与东亚货币合作的可能性分析》，《世界经济》2001 年第 10 期，第 41 ~ 46 页。

[67]　陆兴：《欧洲中央银行货币政策体系分析》，《世界经济》2002 年第 10 期，第 60 ~ 63 页。

[68]　成新轩：《欧盟财政政策协调分析》，《世界经济》2003 年第 5 期，第 42 ~ 46 页。

[69]　金雪军、王安安：《汇率政策和货币政策协调的理论与对策》，《金融研究》1999 年第 7 期，第 60 ~ 63 页。

[70]　徐明棋：《最优货币区理论：能否解释东亚货币合作?》，《世界经济研究》2003 年第 10 期，第 63 ~ 69 页。

[71]　庄起善：《中东欧五国金融结构分析——兼论加入欧盟对他们的机遇和挑战》，《世界经济研究》2003 年第 11 期，第 49 ~ 53 页。

[72]　姜波克、罗得志：《最优货币区理论综述兼论欧元、亚元问题》，《世界经济文汇》2002 年第 1 期。

[73]　虞伟荣、胡海鸥：《国际货币政策协调低效的经济学分析》，《世界经济与政治论坛》2005 年第 1 期，第 62 ~ 65 页。

[74]　刘春晖、塞明：《国际货币政策协调的随机模型分析》，《数量经济技术经济研究》2004 年第 11 期，第 5 ~ 13 页。

[75]　陈雨露、边卫红：《货币同盟理论：最优货币区衡量标准的进展》，《国际金融研究》2004 年第 2 期，第 4 ~ 12 页。

[76]　郭洪俊：《欧洲中央银行的独立性问题》，《国际金融研究》1998 年第 8 期，第 13 ~ 18 页。

[77]　赵勇：《欧洲中央银行货币政策传导机制分析》，《国际金融研究》1999 年第 1 期，第 51 ~ 55 页。

[78]　丁欣：《欧洲中央银行货币政策研究》，《国际金融研究》2002 年第 5 期，第 30 ~ 36 页。

[79]　刘海龙、金桩：《非对称冲击下的国际货币政策协调博弈分析》，《贵州财经学院学报》2003 年第 4 期。

[80]　成新轩：《关于欧洲中央银行独立性的分析》，《欧洲》2001 年第 3

期，第 91~95 页。

[81] 成新轩：《欧盟经济政策协调递进的制度分析》，《南开大学学报（哲社版）》2004 年第 1 期，第 113~118 页。

[82] 周茂荣：《试析欧洲中央银行的独立性》，《武汉大学学报》2000 年第 6 期，第 765~769 页。

[83] 赵智勇：《开放条件下的货币政策国际传导机制》，《城市金融论坛》1998 年第 9 期，第 2~9 页。

[84] 范军：《论欧盟地区政策的改革》，《学术月刊》2002 年第 3 期，第 59~66、112 页。

[85] 钟子明：《论金融监管和货币政策的合作与冲突——央行是否应执行银行监管职能》，《重庆金融》2003 年第 1 期，第 12~18 页。

[86] 杜莉、于辉：《欧洲中央银行统一货币政策的内外制约与协调改进》，《经济纵横》2004 年第 1 期，第 53~55 页。

[87] 付丽：《欧元体系财政与货币政策协调性分析》，《中南财经政法大学学报》2003 年第 4 期，第 88~92 页。

[88] 陈志昂：《欧洲中央银行体系的地位、政策和运行》，《欧洲》1998 年第 4 期，第 85~91 页。

[89] 马德功：《汇率目标区理论回顾与展望》，《生产力研究》2003 年第 6 期，第 287~289 页。

[90] 孙洁：《汇率目标区理论的演进》，《国际金融研究》1997 年第 6 期，第 29~32 页。

[91] 衣维明：《汇率目标区模型及实证分析》，《世界经济》1998 年第 1 期，第 51~55、59 页。

[92] 薛金华：《浅谈欧洲货币一体化》，《国际观察》1993 年第 1 期，第 27~29 页。

[93] 徐进前：《试析欧洲货币体系之危机》，《金融科学》1993 年第 2 期，第 52~55 页。

[94] 吴志成、潘超：《欧洲经济货币联盟治理的转型：实际根据、理论模式与功能分析》，《马克思主义与现实》2005 年第 6 期。

[95] 胡勇、陈亚温：《欧盟东扩后欧洲汇率机制 II 面临的挑战及其影响》，

《欧洲研究》2004 年第 6 期。

［96］华民、余换军、孙伊然、陆志明：《从欧元看货币一体化的发展前景》，《世界经济》2005 年第 5 期，第 3～11 页。

［97］关信平、黄晓燕：《欧盟社会保障一体化：必要性及条件分析》，《欧洲》1999 年第 4 期。

［98］苑涛：《欧洲国家产业内贸易分析》，《欧洲研究》2003 年第 5 期。

［99］哈拉德、尼茨：《欧元区扩大前景》，《欧洲研究》2005 年第 5 期，第 94～112 页。

［100］张浚：《从亚欧会议进程看发展国际关系的"欧洲模式"》，《欧洲研究》2006 年第 1 期，第 5～7 页。

［101］王鹏：《评欧洲共同体的辅助性原则》，《欧洲》1993 年第 2 期，第 21 页。

［102］何慧刚：《析东亚区域货币合作必然性及前景》，《国际问题研究》2005 年第 6 期。

［103］张季风：《20 世纪 90 年代中日经贸关系的发展与特点》，《日本学刊》2001 年第 3 期，第 36 页。

［104］何帆、覃东海：《东亚建立货币联盟的成本与收益分析》，《世界经济》2005 年第 1 期。

［105］张延良：《东亚货币合作的可能模式评析》，《经济论坛》2006 年第 17 期。

［106］何慧刚：《东亚货币合作中汇率稳定机制的构建》，《世界经济与政治论坛》2005 年第 3 期。

［107］何慧刚：《论东亚固定汇率区的构建：方案及其评述》，《世界经济研究》2005 年第 5 期。

图书在版编目(CIP)数据

欧洲经货联盟的危机与改革 / 熊厚著. -- 北京：
社会科学文献出版社,2017.1
(欧洲研究丛书·研究系列)
ISBN 978 - 7 - 5097 - 9116 - 5

Ⅰ.①欧… Ⅱ.①熊… Ⅲ.①欧洲经济货币联盟 - 货
币危机 - 研究 ②欧洲经济货币联盟 - 货币改革 - 研究
Ⅳ.①F821.6

中国版本图书馆 CIP 数据核字（2016）第 096283 号

欧洲研究丛书·研究系列
欧洲经货联盟的危机与改革

著　　者／熊　厚

出 版 人／谢寿光
项目统筹／祝得彬
责任编辑／刘　娟　李丽萍

出　　版／社会科学文献出版社·当代世界出版分社（010）59367004
　　　　　　地址：北京市北三环中路甲 29 号院华龙大厦　邮编：100029
　　　　　　网址：www.ssap.com.cn
发　　行／市场营销中心（010）59367081　59367018
印　　装／北京季蜂印刷有限公司

规　　格／开　本：787mm × 1092mm　1/16
　　　　　　印　张：12.5　字　数：198 千字
版　　次／2017 年 1 月第 1 版　2017 年 1 月第 1 次印刷
书　　号／ISBN 978 - 7 - 5097 - 9116 - 5
定　　价／59.00 元